W0363258

HANDBALL
L'ÉPOPÉE DE LA MEILLEURE ÉQUIPE DU MONDE
DES BRONZÉS AUX EXPERTS

Éric Clert

Avec la collaboration de Sylvain Pignol

HANDBALL
L'ÉPOPÉE DE LA MEILLEURE ÉQUIPE DU MONDE
DES BRONZÉS AUX EXPERTS

ÉDITIONS JACOB-DUVERNET

Table des matières

AVANT-PROPOS

Ce livre raconte l'extraordinaire épopée de l'équipe de France de handball qui, des « Bronzés » aux « Experts » va enflammer la France toute entière. Comment nommer autrement la succession d'exploits et de haut-faits véritablement épiques que nous ont faits vivre ces vingt dernières années les hommes de Daniel Costantini, puis ceux de Claude Onesta ?

Souvenons-nous. En 1985, c'est la descente aux enfers. La France est reléguée en Mondial C, une sorte de troisième division du hanball. C'est presque l'arrêt de mort d'une nation qui risque de ne plus faire partie des vingt équipes qui comptent sur la scène internationale ! Une véritable gageure lorsque l'on connaît le faible nombre de pays pratiquant ce sport à haut niveau.

Un homme, pourtant, va croire que tout est encore possible et surtout que rien n'est fini, que tout commence au contraire. Daniel Costantini, en prenant la direction de la sélection, va se donner les moyens de ses ambitions en restaurant la confiance d'une équipe qui va commencer petit à petit à croire en son étoile… Grâce à de nombreux succès bien sûr, mais aussi grace à un état d'esprit pour le moins particulier !

Ce sont d'abord les « Bronzés » (1992-1994) avec Richardson, Gardent, Perreux, Lathoud, etc., qui détonnent en obtenant une médaille de bronze à Barcelonne et en arborant une coupe de cheveux qui va les identifier à jamais aux yeux du grand public et

qui témoigne du grain de folie de cette bande de copains.
Toujours sous la férule de Costantini, ce sont ensuite les « Barjots » (1995-2000) avec Richardson, Munier, Volle, Quintin, etc., qui feront couler beaucoup d'encre lors de leur victoire au Championnat du monde en 1995 en Islande, mais aussi lorsqu'ils n'obtiennent que la 4e place aux JO d'Atlanta. En 2001, Daniel Costantini, fort d'un second titre mondial, passe la main à Claude Onesta. Débute alors l'ère des « Costauds », avec Karabatic, Omeyer, Abalo et les autres qui sont à tout le moins aussi brillants que la génération précédente, comme en témoignent les médailles de bronze en 2003 et 2005, et la médaille d'or au Championnat d'Europe en Suisse en 2006. Enfin, à partir de 2008, en référence à la série de télévision éponyme, l'équipe de France de handball prend le nom des « Experts ». Composée des meilleurs joueurs du monde, cette équipe est entrée dans l'histoire car elle détient aujourd'hui les titres olympique, mondial et européen, obtenus d'affilée.
« Mais au-delà des titres, depuis 2005, la France s'est toujours située dans les quatre premières places des diverses compétitions mondiales. La vraie réussite, elle est là », conclut Claude Onesta.
En revenant sur le parcours hors norme de cette équipe, ce livre décrypte cette réussite éclatante dont le mérite consiste finalement en une forme de régularité et de continuité dans le succès, ce qui dans l'histoire d'un sport, est pour le moins remarquable.

Louis de Mareüil

PRÉFACE

RESPECT

Par Joël Delplanque
Président de la Fédération française de handball

« Des Barjots » aux « Experts ». Ce livre aurait pu s'intituler *Niko, Jacks, Boule et les autres* ou les *Men in blue*.
Car en fait, c'est bien d'une histoire d'hommes, d'une épopée de champions, acteurs d'un palmarès sportif unique dont il s'agit. Une histoire dont le scénario est un récit vrai, passionnant.
Comme moi, vous allez donc prendre un plaisir immense à revivre les moments d'émotion qui ont jalonné ce périple couvert d'or et de gloire depuis 1986.
Vous allez découvrir ou vous souvenir des différentes étapes de ce parcours, fidèlement retracées.
Vous allez pénétrer dans l'intimité de tous ceux qui ont construit ce palmarès exceptionnel.
Vous allez comprendre la profondeur et la fertilité du sillon que ces équipes ont creusé dans la communauté des handballeurs.
Vous allez être touchés par le respect que chaque génération a manifesté à l'égard de celle qui l'a

précédée mais aussi par la détermination de ces jeunes gens à marquer de leur empreinte l'histoire du handball.

Vous allez aussi pénétrer au cœur des mécanismes de la haute performance et ainsi mieux mesurer combien ils sont à la fois exigeants et fragiles.

Vous allez enfin peut-être apprécier, grâce à cet ouvrage, le savoir-faire de la Fédération que j'ai l'honneur de diriger et qui repose sur l'expertise, la force de conviction des hommes qui l'anime et la volonté de ne pas dénaturer le sport fusse-t-il de haut niveau ou professionnel !

C'est au cœur de cette tranche de vie du handball national que, fier de cet héritage, la Fédération française de handball puise aujourd'hui son énergie et son désir de construire le handball de demain.

Joël Delplanque

CHAPITRE 1

LES ANNÉES GALÈRE

9 heures du matin en Tchécoslovaquie

10 mars 1990. Depuis quelques mois, un léger vent de liberté souffle sur Prague et la Tchécoslovaquie. À la fin de l'année 1989, après la chute du mur de Berlin, le pays a connu une « Révolution de velours » qui a mis à mal le carcan communiste.

Mais à l'aube de cette journée, dans les rues de la capitale tchécoslovaque, c'est plutôt un air froid, glacial que ressentent sur leur visage les joueurs français. « Nous nous étions levés vers 6 heures », se souvient l'ailier droit Thierry Perreux. À 9 heures, l'équipe doit affronter l'Islande en match de classement pour la neuvième place. À la clef, une qualification pour les Jeux olympiques de Barcelone. Drôle d'horaire pour la rencontre la plus importante de l'histoire du handball français ! « Après le petit-déjeuner, poursuit le joueur de l'USM Gagny à l'époque, nous étions tous sortis marcher un peu. » Pas pour visiter le pont Charles. Non, simplement se dégourdir les jambes, solliciter en douceur les organismes avant le combat. Dans quelques dizaines de minutes, l'équipe de France va entamer son septième match en dix jours. Déambulant sans vraiment savoir où aller, les Bleus pensent passer *incognito*. « Et puis, à 300 mètres de notre hôtel, nous avons rencontré un groupe de supporters français. Soudain, ils se sont mis à chanter *La Marseillaise*, s'étonne encore Thierry Perreux. À 7 heures du matin, dans les rues de Prague, vous imaginez le tableau ? »

Dès leur arrivée dans la salle, déserte évidemment, les Français commencent leur échauffement. Les adversaires du jour ne sont pas encore sortis des vestiaires. La balade matinale a seulement titillé les muscles, et les jambes sont aussi lourdes que les esprits embrumés. Après la répétition des efforts, la fatigue a rattrapé même les plus affutés. « J'ai débuté l'échauffement en marchant » se rappelle Perreux. Pendant cinquante minutes, les Français tentent de réveiller des corps peu disposés à l'effort à cette heure matinale. Mais il va falloir aller au charbon. Vainqueurs du Mondial B un an plus tôt, en

France, les Islandais sont les grands favoris de la rencontre. D'autant que, contrairement aux Tricolores, ils ont l'habitude de ce genre de rendez-vous, même s'ils n'y ont jamais vraiment brillé. L'arrière gauche Alfreo Gislasson, qui joue à Irun en Espagne (et futur entraîneur de Kiel) fait figure d'épouvantail en attaque, tandis qu'à droite, Kristjan Arason est un roc réputé infranchissable.

Encouragés par quelques dizaines de supporters, les Français disposent pourtant de plusieurs atouts. Notamment la puissance de feu de Frédéric Volle (Nîmes) et Philippe Debureau (Dunkerque). Le début de match des deux arrières tricolores est tonitruant. Trois buts du Languedocien et autant du Nordiste pour mener 6-0, c'est la foudre qui s'abat sur des Islandais visiblement dépassés. Désorganisés en défense, inoffensifs en attaque : leurs regards trahissent l'étonnement et l'inquiétude face à cette équipe venue de nulle part, puisqu'aucun de leurs joueurs n'évolue dans un grand club espagnol ou allemand… En face, Philippe Debureau, 29 ans, est au sommet de son art. Avec 39 buts, il finira quatrième meilleur marqueur du tournoi. Les arrières se régalent ; ils en font aussi profiter les ailiers. Par exemple, cette passe de Volle pour Perreux, rentré en deuxième pivot dans la défense. L'ailier droit tire alors en roucoulette : la balle, poussée par un effet lifté qui lui permet d'accélérer lors du rebond, vient mourir dans la lucarne. Le gardien islandais reste figé. Illustration de l'impuissance nordique face à la générosité du jeu français. À la mi-temps, l'écart est fait : les Bleus mènent 15-11 et l'Islande laisse s'envoler ses rêves d'Espagne. Sans compter qu'il faut faire avec ce diable de Jackson Richardson : à tout juste 20 ans et une poignée de sélections, la « liane » du Paris-Asnières éclabousse le tournoi de son talent. Pivot en défense, deux mètres devant tous ses coéquipiers, il gêne les attaques adverses avec un art affirmé de la « gratte », à l'affût du moindre ballon.

Les Islandais ne peuvent rien faire. Victoire 29-23 de la France, la bande à Costantini vient de prendre son appui pour Barcelone. Pour les Jeux olympiques. Pour la première fois de son histoire. Dans les vestiaires, Daniel Costantini vient féliciter son gardien, Philippe Médard, qui reste prostré, le visage entre les mains, sous le choc de son exploit. « On va savourer ça, lance le coach marseillais, l'œil

goguenard. Se dire où on va placer notre argent ![1] »
Jackson Richardson est désigné meilleur joueur. Une sacrée performance pour quelqu'un qui évolue au sein de la neuvième équipe du monde…

Quel contraste avec la situation seulement cinq ans plus tôt ! Lorsque Daniel Costantini prend les rênes de la sélection, en 1985, à la demande du nouveau directeur technique national, l'illustre gardien des années 1960 Jean Férignac, l'équipe est en piteux état. Elle vient d'être reléguée en Mondial C, sorte de troisième division. La France est menacée de ne plus faire partie des vingt meilleures nations mondiales, ce qui, au regard du faible nombre de pays pratiquant ce sport, serait un bien piètre résultat. Tout juste auréolé de son deuxième titre de champion de France avec le Stade marseillais université club (Smuc), le coach provençal, 42 ans, a beaucoup d'ambition, mais il réclame des moyens : à l'époque, la sélection manque de presque tout. D'argent, de travail, de volonté politique.

« Les deux premières années, je n'ai rien fait de plus ou de mieux que mes prédécesseurs », concède

(1) *Handball*, le film.

aujourd'hui Daniel Costantini. L'équipe remporte néanmoins le Mondial C en 1986 et décroche l'année suivante l'organisation du Mondial B. Le président de la Fédération française de handball, Jean-Pierre Lacoux, est donc mobilisé pour établir un plan de bataille afin de sortir de l'ornière. Quitte à bousculer les habitudes. « Face à une Fédération très conservatrice à l'époque, Daniel Costantini a su mettre en place ses idées en faisant comprendre que seul le talent ne suffisait pas », se souvient Philippe Gardent, à l'époque pivot à Gagny, lui aussi.

Dès lors, un groupe de vingt-cinq internationaux est réuni chaque début de semaine à l'Insep à Paris. « Du lundi au mercredi, ils s'entraînaient pour l'équipe de France et, de retour en club le jeudi, ils avaient des séances spécifiques avec des programmes très précis à suivre », détaille Daniel Costantini. La Fédération tente de quitter l'amateurisme dans lequel elle végète depuis trop longtemps, en organisant désormais deux entraînements quotidiens. Et non deux ou trois par semaine, comme cela pouvait encore être le cas dans les clubs de l'Hexagone, alors que les pays de l'Est ou scandinaves programment neuf à dix séances hebdomadaires. « Daniel a su imposer ses méthodes, ses exigences, reconnaît aujourd'hui l'ancien demi-centre Laurent Munier, aujourd'hui manager général de Chambéry. Il a mis tout le monde au boulot ! » « On savait qu'on n'était pas plus mauvais que les autres. On avait un déficit physique évident mais dès que l'on s'est mis à bosser, on a vu qu'on n'était pas loin de rivaliser avec les meilleurs », renchérit Thierry Perreux. Le technicien marseillais mise alors sur la génération 1966/1967 qui laisse entrevoir un réel potentiel, au sortir d'un championnat du monde Espoirs 1987 satisfaisant (7e). Les joueurs comme Éric Quintin, Gaël Monthurel, Laurent Munier, Pascal Jacques, Christian Gaudin, Frédéric Volle ou encore Patrick Lepetit, en âge d'être appelés sous les drapeaux, sont regroupés au sein du fameux Bataillon de Joinville. Une structure militaire pour sportifs de haut niveau qui va leur permettre de consolider leur amitié et dégrossir leur talent. Demi-tour droite et en avant en ordre serré vers l'équipe de France. « Être autant de jeunes à arriver d'un coup, c'était inédit, se rappelle Denis Lathoud, arrière gauche. On s'entendait tous très bien et ce ne sont pas les deux années qui nous séparaient des Perreux ou Gardent[2] qui allaient changer l'am-

(2) Nés en 1963 et 1964.

biance du groupe. » Les matches internationaux s'enchaînent à un rythme effréné, des moyens sont débloqués : pour chaque jour de stage, les internationaux reçoivent une indemnité journalière de 200 francs (soit l'équivalent de 50 € aujourd'hui).

Tout ne vient pas immédiatement. Lors du Mondial B de 1989 organisé à Paris (remporté par... l'Islande, tiens tiens), la France finit seulement cinquième en battant la Suisse, mais empoche un ticket pour le Championnat du monde, le vrai, l'année suivante. Les Bleus trouvent alors un souffle, un espoir, une envie. Celui de ne plus se laisser marcher sur les pieds par des pays « mineurs » et de se faire sa place au soleil. « Lors du mondial B, lorsque les joueurs des autres nations nous croisaient à l'hôtel, ils ne nous regardaient même pas. On s'est tous dit qu'un jour, cela allait changer », assène Laurent Munier. « Il faut bien se rendre compte qu'à cette époque, on n'était rien, on n'existait pas. C'était comme si l'équipe de France d'aujourd'hui devait rencontrer l'Italie !, lui répond en écho Denis Lathoud, qui deviendra l'un des cadres de l'équipe. Pendant que les grandes nations s'affrontaient entre elles, nous, on jouait des tournois en Bulgarie, dans des salles où il faisait 4° C. »

Avec cette 9e place de Prague, Costantini avait réussi en cinq ans la première partie de son pari : redresser la barre d'un navire bien mal engagé en offrant Barcelone à l'équipe de France de handball. Une première depuis l'entrée de ce sport aux Jeux olympiques, en 1972. Perreux l'affirme, les joueurs en furent les premiers étonnés : « Jamais nous n'avions imaginé une qualification pour les Jeux avant le début de la compétition. Je ne suis pas sûr que nous l'ayons ne serait-ce même qu'envisagée… »

Au petit matin, dans une salle froide d'un pays qui bientôt n'existerait plus, l'équipe de France de handball avait écrit une page d'histoire. Le premier chapitre de sa légende.

CHAPITRE 2

1992-1994
LES BRONZÉS

La neuvième place de Prague n'était qu'une étape. Les petits Bleus vont désormais se mesurer au gratin du handball mondial. La tâche est immense.

Sous le soleil de Barcelone, le bronze

Lorsqu'ils débarquent dans le village olympique de Barcelone, à la fin du mois de juillet 1992, les Bleus sortent de trois mois de préparation éprouvante. La coupure est donc franche et une atmosphère de vacances se dégage du groupe. Ils sont comme des gamins dans un parc d'attractions, côtoyant les plus grands athlètes du monde, ceux qu'ils admirent parfois à la télévision. Le contexte est propice à l'épanouissement : la capitale catalane a beaucoup misé sur l'engouement que ces Jeux vont susciter dans le monde entier et a entamé une mue urbaine profonde. Le village où sont logés sportifs et staff, construit à la place d'une zone industrielle en friche, sur le port, en est l'une des images censées perdurer après la compétition. On peut y croiser, en toute décontraction, les sprinteurs Carl Lewis et Linford Christie, le nageur Alexander Popov… Mais c'est surtout la « Dream Team » américaine, la plus belle équipe de basket jamais mise sur pied, qui est incontestablement l'attraction de cette olympiade. Dans ses rangs, les superstars de la NBA Michael Jordan, Earvin « Magic » Johnson ou Larry Bird qui écrasent tout sur leur passage.

Au détour des allées du village se noue alors une rencontre improbable. Frédéric Volle et Stéphane Stoecklin, en pleine partie de pétanque avec les membres du 4x100 mètres français, sentent un regard se poser sur eux. C'est Charles Barkley, l'ailier star des Phoenix Suns, terreurs des parquets de la NBA, qui les observe d'un air interrogatif. Le sprinteur Daniel Sangouma, médaillé de bronze à Séoul, tentera bien de lui expliquer les subtilités du jeu provençal, mais on imagine qu'elles ont laissé l'Américain… dubitatif.

Pour se mettre un peu plus dans le bain, les handballeurs français assistent durant toute une journée au début des épreuves d'athlétisme, au stade olympique de Montjuic. Le soir, sur le chemin du retour, ils rentrent en bus. Assis sur un siège, l'Américain Michael Stulce. Avec une marque de 21,70 m, il a remporté quelques heures plus tôt le titre en lancer du poids. Pour beaucoup des futurs Bronzés, c'est le premier contact avec l'or olympique : ils ne peuvent s'empêcher de l'aborder. « On lui a demandé si on pouvait voir sa médaille, la toucher. On était comme des gosses », se remémore, amusé, Laurent Munier. C'est un monde nouveau pour cette équipe de France qui ne fait pas encore rêver grand monde. Mais elle croit en ses chances. Cela fait exactement deux ans et quatre mois qu'elle n'a que cette idée en tête en mettant les moyens pour jouer un rôle dans cette compétition. Notamment à la faveur d'une préparation intensive.

Trois mois plus tôt, en mai, l'équipe dispute à Ivry (Val-de-Marne) le challenge Marrane, tournoi amical qui mixe clubs et nations et qu'elle a remporté l'année précédente. C'est la déception. Les Bleus ne se qualifient pas pour la demi-finale et sont même battus par la modeste équipe de Cuba. Daniel Costantini dresse alors un constat lucide(3) : « Dès que toutes les conditions favorables ne sont pas réunies, à savoir une parfaite concentration, le public qui nous pousse et l'effectif au complet, nous sommes capables de balbutier notre jeu ou de ne pas

(3) Costantini bilan Marrane : *L'Humanité*, 25 mai 1992.

jouer ensemble. » Le coach ne semble pas croire à un exploit aux JO. Depuis la neuvième place de Prague, l'équipe de France a pourtant accumulé une quarantaine de matches internationaux. Avec une méthode et des entraînements quasi militaires, Daniel Costantini va essayer d'arroser cette petite graine d'espoir.

La mobilisation est générale. Vont s'ensuivre cinquante jours de stage intensif, au cours desquels les Bleus, s'ils ont déjà beaucoup progressé, vont apprendre le goût de l'effort. La souffrance va devenir un compagnon de tous les instants. Le groupe se retrouve tout d'abord à Istres, dans les Bouches-du-Rhône. Près de chez lui, le Marseillais Daniel Costantini est en terrain conquis. Chaque jour, il va profiter de cet avantage pour pousser ses hommes jusqu'à leurs extrêmes limites physiques et mentales. Sur la piste d'athlétisme où les tours s'accumulent à n'en plus finir résonne encore la voix enrouée de Philippe Gardent. Le pivot à la gueule à la Gabin « crache » littéralement ses poumons. « Cent fois, il a juré qu'il venait de fumer la dernière clope de sa vie » raconte, hilare, Laurent Munier. Au bord du terrain, certains s'arrêtent quelques instants pour vomir, puis repartent. Les corps souffrent comme jamais, martyrisés par ce qui ressemble à un véritable stage commando. Les journées sont interminables : quand le staff français ne fait pas travailler l'endurance, il s'occupe du haut du corps. Des séances où les muscles sont mis à rude épreuve. Mais dans cette adversité se forme la cohésion du groupe, qui se lance des défis pour pouvoir résister. « Les petits jeux étaient permanents. Chaque barre de fonte soulevée faisait l'objet d'un challenge entre nous, rapporte Laurent Munier. On avançait comme ça. » Après le petit-déjeuner, les pompes succèdent aux séances d'abdos. Jusqu'ici négligé par le handball français, le renforcement musculaire devient l'un des éléments de base de la préparation imaginée par le technicien marseillais. Le dîner est à peine englouti qu'il faut rejoindre le gymnase pour des matches d'entraînement. Le rythme est intense, les Bleus saturent. « On était si fatigués que personne n'acceptait plus la moindre remarque, poursuit le demi-centre. La tension était tellement extrême que Daniel Costantini a dû arrêter des matches pour éviter qu'ils ne dégénèrent. » Ces mois d'efforts avaient un but : forger le mental. Denis Lathoud, rappelé dans le groupe fin 1991 après deux ans de purgatoire (« Je n'entrais plus dans les plans de Costantini »), juge avec le recul que « la grosse préparation à Istres nous a donné un surplus de confiance ». Le coach n'hésite pas à retoucher *in extremis* son équipe. Gilles Derot, un des « anciens » du groupe France, fait les frais de ce revirement. Il cède sa place dans les seize sélectionnés à Laurent Munier, l'arrière de Vénissieux, champion en titre. « Daniel a su prendre des risques », reconnaît aujourd'hui ce dernier.

À quelques jours des Jeux, l'encadrement tricolore pose ses ballons à Banyuls-sur-Mer (Pyrénées-Orientales), à la frontière espagnole, pour un dernier stage. Les médias locaux commencent à s'intéresser à eux. Une équipe de France 3 Languedoc-Roussillon arrive alors dans la cité catalane. Le goal Philippe Médard se promène dans une salle du complexe sportif. Il est accosté par l'un des journalistes : « Excusez-moi, c'est vous le gardien ? » « Oui », répond timidement, le portier de Nîmes. « Vous n'auriez pas les clés du gymnase ? », lui demande alors naïvement le reporter, sans se douter qu'il a en face de lui un joueur six fois champion de France. La notoriété n'est pas encore là et ce manque de reconnaissance est aussi l'un des moteurs de la motivation des handballeurs français.

Tout reste à faire : lorsqu'ils entament le tournoi, les Bleus savent qu'ils vont tomber dans une poule extrêmement difficile. À commencer par l'Espagne qui a l'indéniable avantage de jouer à domicile tous ses matches. Battre la Communauté des États indépendants (CEI), ersatz éphémère de l'URSS, championne olympique en titre et vice-championne du monde, ne semble même pas envisageable. Roumanie et Allemagne sont également deux gros morceaux. Seule l'Égypte paraît à la portée des hommes de l'entraîneur Daniel Costantini. Les observateurs leur annoncent l'enfer et les parieurs très peu de chances de « faire » un résultat : bref, pour passer, les Français vont devoir surprendre. La préparation commando leur a donné des arguments.

Philippe Gardent et sa bande ont un gros avantage sur les autres nations : ils cultivent l'insouciance. Venus de nulle part et n'ayant rien à perdre, ce sont des guerriers qui n'ont peur de personne. Osant tout. Même la déstabilisation à l'ancienne. Le 27 juillet, quelques heures avant l'ouverture du tournoi et le match contre l'Espagne, tous les joueurs partent ensemble dîner dans un restaurant du village olympique, comme ils aiment à le faire depuis leur arrivée. Laurent Munier croise l'un de ses adversaires ibériques, Juan Alemany. Sans se dégonfler, le Tricolore le regarde droit dans les yeux, pointe son index sur son cou… et lui mime le geste de l'égorgement. Ses coéquipiers sont sidérés, les Espagnols furax. La guerre des nerfs est ouverte.

Lorsque commence le match, au Palau Sant Jordi, à Montjuic, les « rojos » sont avertis : ils ont en face d'eux des brutes, des bouchers qui veulent imposer un défi musclé. Las. Le piège tendu par l'entraîneur français est en train de se refermer sur eux. « L'erreur des Espagnols a été de vouloir nous battre sur le terrain de l'affrontement physique, juge Daniel Costantini. Techniquement, ils nous étaient bien supérieurs. » À dire vrai, le spectacle proposé aux supporters catalans n'est guère enthousiasmant. Dans une salle surchauffée, l'Espagne s'enferre dans une défense française qui pousse ses adversaires à se désunir peu à peu. Seul surnage le Barcelonais Enric Masip qui termine le match avec 6 buts au compteur. Alemany est totalement transparent pendant près d'une heure. L'équipe de France joue, elle, avec ses armes : solidité, tonus et vivacité. Les chocs se multiplient, il y a du contact, et l'arbitre polonais peine à calmer les protagonistes. Les Bleus l'emportent finalement 18-16. Sur le parquet, les héros exultent, se congratulent comme s'ils venaient de gagner un titre. Cette victoire ouvre de nouvelles perspectives sans que Gardent, Volle et consorts n'osent vraiment se l'avouer.

« Le vrai déclic, il s'est produit le match suivant face à la CEI », poursuit Denis Lathoud. Comme la plupart de ses coéquipers, le Lyonnais a été impérial en ouverture du tournoi (3 buts), et cela rejaillit sur les performances de l'équipe de France. Conscient que la compétition risque d'être longue et éprouvante, Daniel Costantini fait tourner son effectif. À ce moment de la compétition, l'objectif est toujours celui affiché dès le départ : la septième ou huitième place. Face à la CEI, la difficulté monte en tout cas d'un cran, voire de deux. Après la chute de l'URSS et l'indépendance des pays baltes, les sportifs soviétiques se présentent aux JO sous la bannière de l'Équipe unifiée (EUN). Qu'importe : l'équipe de handball n'a perdu aucun de ses joueurs mythiques.

La terrible paire Lavrov (qui sera trois fois champion olympique) et Tchoumak se relaie dans les cages. Le Kirghize Talant Dujshebaev, demi-centre, marquera neuf fois en cette soirée du 29 juillet. Mais voilà, les Français n'ont pas envie de se laisser faire. Alors ils se battent avec leur courage et leurs armes : Pascal Mahé, grand timonier de la défense centrale ; Jackson Richardson à la « gratte » pour perturber le jeu huilé très soviétique ; en attaque, les artificiers Munier, Portes (4 buts chacuns), Debureau ou Lathoud (3 buts). Et ça marche ! « Jusqu'alors, on perdait de dix, quinze buts contre les Russes, se rappelle l'actuel coach de Dijon. Ce soir-là, en ne s'inclinant que d'un but en toute fin de match (22-23), on s'est dit que l'on pouvait vraiment faire quelque chose. » L'ex-URSS a eu chaud. Elle gagnera pourtant la compétition, dix jours plus tard.

Dès lors, la France décide de croquer ces Jeux à pleines dents : le 31 juillet, elle se paie l'Allemagne, le pays qui a inventé ce sport (23-20) ; la Roumanie, médaillée de bronze aux championnats du monde deux ans plus tôt, est écrasée (26-20) le 2 août ; enfin, le 4 août, l'Égypte, nation moins réputée mais championne d'Afrique en titre, est écartée

(22-19). Avec son style fantasque, fait de passes aveugles et de feintes surprenantes, la bande à Costantini a gagné sa place en demi-finale olympique, deux jours plus tard. C'est un événement historique qui suscite l'engouement, tant l'Hexagone est sevré depuis des années de médailles en sport collectif dans les compétitions internationales. Avant eux, seulement deux petites breloques avaient été glanées, l'or pour les footballeurs en 1984 et l'argent pour les basketteurs en 1948... « Gamin, je collectionnais les revues sur les JO et le rêve de décrocher une médaille était inaccessible. Il devenait tout à coup réalité », évoque avec plaisir Laurent Munier. Personne n'aurait pu imaginer que ces inconnus, qui pratiquent un sport uniquement scolaire pour la plupart de leurs compatriotes, puissent à ce point bousculer la hiérarchie mondiale. En ne jouant certes pas avec un jeu léché à la suédoise, plutôt à grands coups d'épaule et de culot.

Philippe « Boule » Gardent, Frédéric « Charly » Volle et compagnie ne se prennent toujours pas au sérieux et décident de « marquer le coup ». Un pari lancé pendant la préparation s'ils arrivaient à faire mieux que l'objectif fixé par la Fédération. Au village olympique, les boute-en-train s'improvisent coiffeurs. Le monde feutré de l'olympisme découvre alors de drôles de zygotos, de beaux bébés de près de 2 mètres, teints en blond ou rasés à la légionnaire. « On avait besoin de reconnaissance, explique Laurent Munier. On voulait montrer que l'on appartenait tous à un même groupe. » Et insuffler un peu de folie avant d'affronter l'une des meilleurs équipes du monde. Lorsqu'ils arrivent au Palau Sant Jordi pour disputer la demi-finale, le 6 août, les Suédois, avec tout leur sérieux scandinave, sont stupéfaits par l'extravagance française. S'échauffant dans leur moitié de terrain, les géants blonds dévisagent leurs adversaires du jour avec défiance, se demandant si, avec leurs crinières de poussins, les Français ont réellement conscience qu'ils vont disputer une demi-finale olympique. « Il y a eu un quiproquo : avec nos têtes blondes, ils ont cru qu'on se moquait d'eux », rapporte Philippe Gardent. Les Scandinaves connaissent le défi physique qui est à relever. Ils en ont les moyens et l'expérience. L'arrogance supposée de leurs adversaires leur donne un surplus de motivation, bien aiguisée par le sélectionneur suédois, Bengt Johanson. Dans les cages, Jean-Luc Thiébault ne peut rien faire.

Malgré six buts de Lathoud et cinq de Volle, les Bleus échouent face à Magnus Wislander, le joueur de Kiel en Allemagne. L'arbitrage, également, est sévère avec les petits coqs. Défaits par des Scandinaves (22-25) qui auront mené tout au long du match, les Bleus sont abattus. Sur le bord du terrain, les regards sont perdus, tristes, déboussolés. À l'image d'enfants qu'on viendrait de punir pour une bêtise. Daniel Costantini sent venir le risque d'une démobilisation totale. Il leur crie : « Il faut sortir la tête haute pour avoir la médaille de bronze ! » ; leur promet des lendemains qui chantent : « On sera champions du monde un jour mais pour l'instant, il faut savoir gérer ce truc-là, pas s'affoler. » Le groupe n'a jamais été confronté à cette situation. Le Marseillais doit les garder encore deux jours sous pression. Au matin du 8 août, Costantini a réussi son challenge. Dopés à l'orgueil, gonflés à l'envie, ses hommes sont prêts à aller chercher leur trophée. De l'autre côté des Pyrénées, pour la première fois de son histoire, on parle de résultats de handball dans les médias nationaux.

Comme deux ans auparavant, à Prague, les Bleus doivent écarter l'Islande pour atteindre leur but.

L'équipe nordique n'aurait jamais dû venir fouler les parquets de Catalogne, puisque la France s'était adjugée le dernier billet en 1990. Mais l'histoire peut connaître de drôles de détours et c'est à la faveur de la disqualification de la Yougoslavie, déchirée par un conflit meurtrier, que l'île de l'Atlantique a gagné son ticket pour les JO. Les adversaires se connaissent donc déjà. La partie est hachée : les Islandais vont au combat, les Français à la guerre. Peu à peu, les rouges s'énervent, déjouent, et laissent l'écart se creuser. Laurent Munier est étincelant (6 buts). À l'aile droite, Éric Quintin joue son plus beau match des JO ; Frédéric Volle, arrière gauche, poursuit sur sa lancée (quatre buts chacun). Jackson Richardson, qui n'a pas sacrifié ses dreadlocks, est surtout utilisé pour ses qualités défensives. Il ne marque qu'un but. Mais quelle action ! Récupérant un ballon perdu, le Réunionnais contre-attaque, se débarrasse de ses deux vis-à-vis avant de marquer… finissant lui aussi sa course dans la cage islandaise ! À 4 minutes du terme, les Bleus ont déjà fait la différence, en menant de 7 buts. Leur nature fantasque les pousse à tenter des gestes de folie, passes dans le dos, tirs de loin… Sur le bord du terrain, Daniel Costantini apprécie moyennement. Lui, l'exigeant et consciencieux technicien n'aime pas qu'on se moque du jeu – et par-là même de ses adversaires. Il se fige, scrute d'un œil sévère ses protégés. Le sélectionneur sait aussi que ce relâchement peut aider les Islandais à revenir dans la partie. Ce qu'elle fait, revenant à 23-20. À une minute trente du coup de sifflet final, les Islandais contre-attaquent et se retrouvent face à Jean-Luc Thiébaut. Daniel Costantini, inquiet, se lève : les rouges peuvent revenir à deux petits buts d'écart. Le gardien français sort un arrêt extraordinaire, une « manchette », les avant-bras tendus perpendiculairement au corps, qui sauve la maison France ! À six secondes de la fin, Jackson Richardson tente un tir en appui (sans décoller les pieds du sol) à 8 m des cages adverses. La balle est arrêtée, relancée dans la foulée. Mais d'un côté comme de l'autre, on sait que la messe est dite. Le dernier coup de sifflet intervient sur une ultime tentative islandaise depuis le milieu de terrain. 24-20 : les Français exultent, se congratulent, sautillent et dansent dans l'arène catalane qu'ils ne veulent plus quitter. Tels des champions olympiques, Gardent, Volle et les autres s'emparent d'un drapeau tricolore et entament un tour d'honneur, un tour de joie, regardant alternativement le public avec un regard de fierté et leurs coéquipiers avec un sentiment de fraternité. Dans les vestiaires, on ressort les ciseaux pour ceux qui n'avaient pas adopté la coupe de cheveux « bronzés ». Quelques heures plus tard, seize homme habillés de survêtements blancs, se tenant tous par la main, montent sur le plus beau des podiums. Ces mois de souffrance n'auront pas été vains. Partis de la 3e division mondiale, les handballeurs français ont affiché en sept ans une progression rare et fulgurante. Ils héritent en prime pour l'éternité leur surnom de « Bronzés ». Référence à la couleur du métal acquis à Barcelone. Peut-être, aussi, un clin d'œil au film éponyme dans lequel une bande d'amis part en vacances pour s'éclater. « On a surpris tout le monde, se félicite, bravache, Daniel Costantini. À Barcelone, le volley devait casser la baraque. Et finalement, c'est le handball qui a ramené une médaille. » En France, le journal *L'Équipe* fait sa Une sur la folle épopée barcelonaise ; le titre « Y'a de la joie » chapeaute deux photos, l'une de Frédéric Volle, cheveux décolorés, en train de tirer, l'autre du podium olympique. « Pour la première fois, on a montré aux Français que le handball existait », explique fièrement Philippe

Gardent. Aussi, interrogé par Antenne 2 quelques minutes après le match, Denis Lathoud lance un appel à ses compatriotes : « J'espère que les médias vont s'intéresser au handball, parce qu'on a prouvé que ça pouvait être un jeu spectaculaire ; j'espère que les sponsors, les gros sponsors vont arriver pour essayer de donner, justement, un autre souffle à notre sport. Maintenant, est-ce que ça va changer ? Pour l'instant, je ne le sais pas. » Le débat sur la sous-médiatisation du handball est donc bien ancien. Mais, pour les joueurs, il s'agit désormais de relever un autre défi, celui de confirmer. Bientôt s'annonce le championnat du monde en Suède.

Des *British* et de l'argent

Six mois après avoir fait sensation à Barcelone, le clan des Bronzés n'a pas encore fini de célébrer son titre. Pourtant, si son excentricité et ses débordements en ont fait la coqueluche des médias, les retombées sont maigres. La Fédération française de handball, qui n'avait pas anticipé un tel parcours, échoue à transformer le bronze olympique en argent sonnant et trébuchant. Non sans humour, quelques jours après l'exploit barcelonais, elle avait publié dans la presse nationale une petite annonce : « Médaillés olympiques cherchent partenaires. À débattre. » Sans succès. Pour exister aux yeux du grand public, les handballeurs français sont condamnés à enchaîner les exploits. Avant le Mondial suédois, qui se déroule en mars 1993, les attentes sont nombreuses. L'équipe de France prend de l'assurance. Mais sera-t-elle capable de confirmer ? « La performance des Jeux de Barcelone 1992 était-elle un feu de paille ? On ne savait pas trop encore… », atteste Denis Lathoud.

Pendant ce temps, sur la scène nationale, un club émerge : c'est l'OM-Vitrolles de Jean-Claude Tapie, le frère de Bernard, l'homme d'affaires et président de l'Olympique de Marseille. En quelques années, à coups de centaines de milliers de francs, le club provençal (issu de la fusion des clubs de Vitrolles et du Smuc cher au cœur de Daniel Costantini) est devenu incontournable sur la scène hexagonale. Le 30 mai 1993, quatre jours après la victoire en Ligue des Champions des footballeurs, OM-Vitrolles remportera face aux Hongrois de Veszprem la coupe des coupes de handball. Premier titre européen d'un club français. Preuve des liens forts entre ces OM, ils célébreront ensemble sur le Vieux-Port, à bord de deux bus à impériale, leurs titres respectifs. Cette année-là, avec Gardent, Richardson, Volle, Munier, Perreux, Quintin, Delattre et Martini, l'ossature de l'équipe nationale est formée de joueurs de l'OM-Vitrolles. Une prééminence renforcée par les retraites internationales des gardiens de but Philippe Médard et Jean-Luc Thiébaut, des arrières Philippe Debureau, Denis Tristant et Alain Portes au lendemain de l'épopée olympique.

Des nouveaux, comme Christian Gaudin, Philippe Julia, Philippe Schaaf ou Patrick Lepetit ont rejoint un groupe France qui semble fermé, lié par une aventure commune qui a forgé les complicités. L'intégration n'est pas toujours facile. Assez rapidement, les Bronzés les surnomment les « *British* ». Explication du capitaine Philippe Gardent, leader charismatique des Bleus : « On commandait des bières, ils buvaient du thé ! » L'exubérance et les fantaisies des premiers n'ont d'égal que la sagesse voire la timidité des seconds. Les cancres qui traînent souvent dans les bars du coin doivent désormais cohabiter avec des joueurs au profil de premiers de la classe. L'antagonisme reste cependant à relativiser. « Il n'y a jamais eu d'incompatibilité, témoigne encore Gardent. Au-delà de l'état d'esprit, de la manière de vivre, on avait quand même un dénominateur commun, celui de jouer pour l'équipe de France. » L'amitié et le don de soi sont des valeurs partagées au sein du groupe. Tout comme l'envie de s'amuser et l'insouciance permanentes. Comme lors de la préparation d'avant JO, le groupe fonctionne aux défis. « Les challenges que nous nous lancions nous faisaient avancer, relate Laurent Munier. Tout était prétexte à se jauger, se provoquer. À la musculation, il y avait toujours quelqu'un pour dire à un autre : "Si tu ne soulèves pas cette barre, demain on perd le match." » Les têtes brûlées enchaînent les bêtises de caserne. Capables de manger des serviettes en papier remplies de tabasco, de la terre ou des cigarettes, d'avaler des pailles en plastique ou d'engloutir le plus de brioches possible.

Le championnat du monde en Suède est l'occasion de montrer qu'une vraie équipe est née. Que Barcelone n'était pas un accident. Les « boys » de Costantini entendent perturber la hiérarchie mondiale de façon durable. Mais l'entrée en matière est plus que laborieuse. Lors de la première phase, les Bleus, qui mènent pourtant 10-8 à la mi-temps, sont défaits d'entrée par la modeste Suisse (24-26). Les difficultés entrevues se confirment avec deux victoires à l'arraché contre la Norvège (21-20) et la Roumanie (23-22). L'amalgame entre « Barcelonais » et nouveaux tarde à se faire. Mais rien d'irréversible. « Au cours d'un repas en 1993 en Suède, on a entendu des rires qui venaient de la table des *British*, rapporte Laurent Munier. C'était tellement rare que tous les Barjots se sont levés et on s'est mis à les applaudir ! » Les différences finissent par s'oublier une fois sur le terrain : « C'est là que l'on gagne sa place et que l'on mérite le respect de ses partenaires, poursuit le demi-centre des Bleus. C'est une règle qui a toujours existé et qui reste immuable. » Au tour suivant, les Français se réveillent en écrasant (26-18) la Tchécoslovaquie, l'Espagne (23-21) puis enfin l'Égypte (19-16). Les Bronzés ont retrouvé la niaque, l'envie collective, la fraîcheur qui avaient fait leur force en Catalogne. Qualifiés pour la finale, ils sont assurés de ramener, pour la deuxième fois d'affilée, une médaille d'une compétition internationale. Leur adversaire du jour se nomme Russie, qui a définitivement abandonné l'appellation CEI. Un ogre, triple champion olympique. Hélas, l'expérience fera défaut. Les Français marquent le premier but sur une interception de Jackson Richardson. Ils mènent 2-0, puis 4-2. Ça semble bien parti. À la mi-temps, les Russes ont repris le dessus pour mener 13-11. En seconde période, sur un kung-fu, passe reprise par un coéquipier en extension qui tire immédiatement au but, les Bleus reviennent à 16-16. Mais à force de shoots ratés et de balles perdues, l'équipe explose. Côté tricolore, la culture de la gagne n'est pas encore là. « Notre grande erreur est de s'être satisfaits de notre place de finalistes. On s'est dit qu'on avait atteint notre objectif, regrette aujourd'hui Philippe Gardent. On n'aurait peut-être pas gagné mais l'équipe ne s'est pas jetée dans la bataille avec la ferme intention de décrocher le titre. Heureusement deux ans plus tard, nous ne sommes pas tombés dans le même piège. » La France est balayée 28-19, la Russie décroche son deuxième titre mondial.

Au moment de la cérémonie de remise des médailles, les Français n'ont pas perdu leur sens de l'humour. Les médaillés d'argent arborent chacun un béret bleu marine sur la tête, déniché on ne sait où, jouant encore le décalage au-delà du temps réglementaire. « On voulait même monter sur le podium avec une baguette de pain, mais pour en trouver en Suède, ce n'était pas gagné ! », confie l'actuel entraîneur de Chambéry. Dans les vestiaires, le couvre-chef ne restera pas longtemps sur les têtes. Et voici les Barjots, nus comme des vers, qui posent pour la postérité avec pour seuls accessoires leur trophée autour du cou et le béret en guise de cache-sexe. Personne ne manque sur le cliché, pas même les *British*, qui s'y prêtent de bon cœur.

L'esprit « Barjots » commence à se décanter. Si l'exubérance de certaines virées nocturnes est indissociable de l'image des joueurs de l'équipe de France, leur réputation a été quelquefois un peu trop vite établie. « Comme j'étais l'un des plus fous, on venait parfois me voir dans les soirées en me demandant de me calmer et surtout d'arrêter de boire, raconte Laurent Munier. Mais entre 1991 et 1996, je n'ai pas bu une goutte d'alcool. Je ne tournais qu'au diabolo orgeat ! » L'ailier Thierry Perreux faisait lui aussi partie des joyeux drilles. « On aimait bien les gens qui montraient des choses, reconnaît-il. Des personnages qui ne baissaient pas la tête, qui savaient bomber le torse quand il le fallait. »

Guéric Kervadec, pivot de Vénissieux, débarque dans cet univers singulier en 1993, après le Mondial suédois. On le dit discret, renfermé, peu avenant. Grâce à ses performances, le Breton ne met pas longtemps à faire l'unanimité : « J'ai bien constaté qu'il existait un décalage entre mon attitude et celle des Barjots. Mais je ne me suis jamais considéré comme un vrai *British*. En tout cas, je n'ai jamais senti de rejet de leur part. Ils m'ont pris comme j'étais et vice versa. Je savais que ces gars-là étaient capables d'être complètement fous mais quand il fallait répondre présent sur le terrain, ils étaient toujours là. Je savais que, malgré leurs excès, on pouvait compter sur eux. » Pour Éric Quintin, l'existence de deux clans tient plus de la caricature que de la réalité : « Quelle que soit la période, il y a toujours eu des personnalités différentes. Dans les buts à Barcelone, on avait Jean-Luc Thiébaut. Il a tenu une part très importante dans la réussite de notre parcours aux JO et c'était un homme calme, sage, pas du tout exubérant. Certains membres des Barjots excellaient dans l'art de la provocation. S'il a pu exister des tensions avec certains autres membres de l'équipe, cela tenait plus de l'incompréhension ou d'un manque de communication que d'autre chose. Moi, ce que j'aimais justement, c'est que tout le monde était libre d'être un peu différent de l'autre. » Arrivé en équipe de France fin 1993, l'ailier montpelliérain Grégory Anquetil s'est tout de suite senti à l'aise dans le groupe et a immédiatement adopté ses codes. « Il n'existait que deux manières de s'intégrer. Soit comme Guéric Kervadec, tu es le meilleur à ton poste (pivot), soit tu t'investis en dehors du terrain. Pour ma part j'étais fan. J'adorais leur manière de fonctionner. » Pendant dix ans en équipe de France, Greg Anquetil tentera d'être le garant de cet esprit loufoque. « Je ne suis pas nostalgique du handball mais je regrette la vie de groupe avec les Barjots. » D'autres n'ont pas su ou pu intégrer ce groupe et ses codes particuliers. Les joueurs comme François-Xavier Houlet, Raoul Prandi, Stéphane Joulin, Stéphane Cordinier et autre Bernard Latchimy ont endossé un costume sans doute un peu trop grand au sein d'un groupe aux exigences énormes.

LE PORTRAIT DE JACKSON RICHARDSON, ÉLU MEILLEUR JOUEUR DU MONDE EN 1995

Jackson Richardson, vu par son frère Michel :

« C'était le rigolo de la maison »

« Dans la famille, nous sommes six frères et sœurs. Pour tout le monde, Jackson avait un surnom, "Sone". Comme c'était le petit frère, Claudette a joué le rôle de grande sœur. Elle l'a surveillé, lui a donné à manger, l'a lavé et lui faisait faire ses devoirs, même s'il n'avait pas envie d'apprendre. Il aimait plus s'amuser qu'étudier.

Jackson était farceur, c'était le rigolo de la maison. D'où son surnom d'Henri Salvador car, en plus, il avait les yeux d'un asiatique. Tout le monde tombait sous son charme. Il pouvait bouder, se montrer rancunier, mais cela ne durait pas très longtemps.

À partir de 9 ans, il était tout le temps avec moi. Lorsque j'allais aux entraînements de handball, il m'accompagnait au gymnase de la MJC de Saint-Pierre. L'entraîneur, c'était notre frère aîné, Charlette. C'est à cette époque que Jack a débuté le hand. Comme il manquait toujours un joueur pour compléter l'équipe et faire le match d'entraînement, on faisait appel à lui pour faire le nombre. Il s'en sortait bien malgré son jeune âge parmi les minimes. J'étais impressionné par son aisance pour tous les sports d'équipe. Pendant notre adolescence, on a joué au hand, au basket et au foot. Il faisait preuve de beaucoup d'audace, alors que moi, j'étais peu téméraire.

À la maison et entre amis, il aimait faire des gags et des plaisanteries. Comme remplacer le Coca par du café, cela réserve des surprises quand on a soif en arrivant à la maison après un entraînement ! Avec nous, il n'a pas changé, malgré sa notoriété. Jackson, on l'admire parce qu'il a su rester humble, gentil, aimable. Il a toujours gardé ces qualités. Nous avons une grande complicité et nous aimons nous taquiner, plaisanter, et surtout nous retrouver en famille, chez notre mère, quand il vient à la Réunion. Chouchoutés avec les bons petits plats de maman, là, nous évoquons avec un immense plaisir les souvenirs de notre enfance, les bons et durs moments. »

CHAPITRE 3

1995-2000
LES BARJOTS

Barcelone 1992. À un journaliste du *Sport* (quotidien aujourd'hui disparu) qui lui demande ce qui a manqué à l'équipe de France pour battre les Suédois en demi-finale des Jeux olympiques, Denis Lathoud répond par une prédiction : « S'il est un sport en France sur lequel il faut investir, c'est le handball. Dans trois ans, on peut devenir champions du monde. » L'ancien arrière gauche de l'équipe de France s'en souvient comme si c'était hier : « J'étais peut-être le seul à y croire, c'est évident, mais moi, j'en étais persuadé. »

Reykjavik, sur le toit du monde

Médaillés de bronze aux JO de Barcelone, médaillés d'argent en Suède l'année suivante, les Bleus montent incontestablement en puissance. Et ce n'est pas la 6e place à l'Euro 1994 au Portugal qui ébranle leurs certitudes. « Le championnat d'Europe, on n'en avait rien à faire, dit sans ambages Lathoud. À cette époque, c'était juste une compétition qui justifiait la création de la Fédération européenne. » Pourtant, l'unité de l'équipe de France a du plomb dans l'aile. Sans véritablement s'en rendre compte, les huit joueurs de l'OM-Vitrolles – Gardent,

Munier, Perreux, Richardson, Quintin, Martini, Volle, Delattre – indisposent le reste du groupe. Ils forment une équipe dans l'équipe. « C'était vraisemblablement inconscient mais ils se comportaient comme ils avaient l'habitude de le faire en club. Avec leur propre mode de fonctionnement. Un décalage s'était créé avec les autres joueurs » explique Denis Lathoud, qui évoluait lui à Vénissieux. La question des salaires, mirobolants dans le club provençal, apparaît aussi en filigrane. Daniel Costantini tente de modifier son groupe. Mais au dernier moment, il remet en jeu Munier, 30 ans, et Mahé, 32 ans, qui font désormais figure « d'anciens ».

C'est dans ce contexte que la France débarque en Islande en mai 1995. Leurs adversaires les attendent au tournant. La première semaine du Mondial est laborieuse, tendue. Le très faible Japon est laminé (33-20), mais la victoire est sans saveur. Contre l'Algérie, les Tricolores se font peur (23-21), ce qui déclenche l'ire de Costantini, furieux de voir ses joueurs vivre en dilettante. « Dégonflez la tronche un peu », leur lance-t-il. Suivent une défaite contre la Roumanie (22-23), une victoire au finish contre le

Danemark (22-21), et un nouveau revers face à l'Allemagne (23-22), surtout marqués par l'extrême fragilité des tireurs français, sans cesse mis en échec. Le premier bilan est médiocre, la France est quatrième de sa poule et se qualifie *in extremis* pour les huitièmes de finale contre l'Espagne. « J'ai vite compris que ça allait mal, explique Denis Lathoud. Après nos promesses de Barcelone et du Mondial 1993, de quoi aurions-nous eu l'air si nous nous étions fait éliminer à ce niveau-là ? »

Le 15 mai, veille du match face à l'Espagne, le « Grand », comme on le surnomme, est sorti boire une bière dans un bar branché de la capitale islandaise où se retrouvent joueurs, organisateurs et journalistes. Au Reykjavik Café, le joueur du PSG-Asnières est accompagné de Grégory Anquetil, Gueric Kervadec et des « Marseillais » Frédéric Volle, Laurent Munier et du gardien Yohann Delattre. « J'avais fait mon sac et je voulais rentrer. Je leur ai dit que ça ne pouvait plus durer. » Grégory Anquetil, du haut de ses 24 ans, tente d'intervenir. Il se fait rabrouer par Denis Lathoud « Toi, à ton âge, tu n'as qu'un droit, celui de te taire. » Les nerfs sont à fleur de peau. Lathoud pense à parler au groupe.

Les « Marseillais » décident alors de soutenir son initiative. Laurent Munier lui suggère d'organiser une réunion le lendemain. « À midi, lors du déjeuner, on a fait passer le mot aux joueurs car je ne tenais pas à ce que le staff soit présent », raconte encore Lathoud. Du reste, tout au long de sa carrière à la tête de l'équipe de France, Daniel Costantini se gardera bien de s'immiscer dans les affaires « privées » de ses joueurs. Sa philosophie en la matière : « Laisser des soupapes de décompression. »

Tous les joueurs sont donc rassemblés dans une salle jouxtant le restaurant de l'hôtel. Seize chaises sont disposées en cercle. Lathoud se souvient : « Je leur ai dit qu'ils étaient des cons ! Pendant que certains étaient partis se baigner dans les lacs des alentours, moi, j'étais allé voir les matches des Croates et des Suédois. J'ai dit à tout le monde qu'on était la meilleure équipe du tournoi. J'ai ajouté que ce n'était pas en rejetant la faute sur son partenaire qu'on allait s'en sortir. » Chacun commence alors à laver son linge sale. En famille, à l'ancienne. La réunion sera courte. Des mots durs sont échangés, d'autres plus encourageants. Gueric Kervadec, jeune pivot de 23 ans, a mis petit à petit Philippe Gardent sur la touche. Il est l'un des plus attentifs et cette réunion est pour lui comme un révélateur : « Elle a permis à tout le monde de prendre conscience que l'on était en train de passer à côté de quelque chose d'exceptionnel. Ce fut un véritable électrochoc. » Les handballeurs français décident de s'unir pour ne pas laisser filer leur chance, l'enthousiasme revient. Aucun des présents n'a jamais trahi le secret du contenu exact de ce branle-bas de combat. Mais, eut égard à la suite des événements, a-t-on vraiment besoin de savoir ?

L'équipe est transfigurée. Le lendemain, en huitièmes de finale, la France retrouve les Espagnols, qu'elle avait humiliés en ouverture des JO de 1992. Au moment où l'hymne français est joué, la réaction des Bleus prend alors une forme symbolique : les douze inscrits sur la feuille de match tricolore décident de s'étreindre, se tenant chacun par les épaules et les hanches. L'Espagne est avertie. Costantini a décidé de se priver de Gardent ? Bien lui en a pris : Kervadec réalise au poste de pivot, au cœur de la défense adverse, un match magnifique (6 buts). Lathoud passe une première mi-temps difficile, avant de se reprendre. Le jeune Anquetil, à l'aile, est étincelant avec 5 « pions ». La sélection ibérique résiste, notamment grâce à Dujshebaev (6 buts), le Kirghize naturalisé depuis les JO de Barcelone. Mais le demi-centre ne peut rien face à la baraka de Bruno Martini, gardien de l'OM-Vitrolles. 12-9 à la mi-temps, l'Espagne est finalement battue 23 à 20. Les Français ont retrouvé en partie leurs valeurs de combat.

En quarts de finale, la Suisse, invitée surprise, est surclassée 28 à 18. À la clef de ce festival offensif, en prime, les Bleus obtiennent la qualification pour les Jeux d'Atlanta. L'Allemagne, adversaire de la demi-finale, n'a rien d'une victime expiatoire. Tombeuse de la Russie au tour précédent, elle sait que les Français sont « prenables », puisqu'elle les a battus en phase de poules. Mais en face, les Barjots ne sont plus la même équipe. Ils apparaissent métamorphosés, faisant les efforts ensemble, chacun jouant désormais l'un pour l'autre. Le match est haché, mais les coéquipiers de Lathoud et de Stoecklin, dont le talent explose à la face du monde, virent en tête à la mi-temps (11-8) et l'emportent 22 à 20.

Après avoir frôlé la correctionnelle au premier tour, c'est donc un petit miracle si les joueurs de Costantini atteignent la finale. Le sentiment d'être des rescapés décuple leur envie de profiter de chaque instant. À l'aile gauche, Éric Quintin aura été brillant pendant la compétition. En dehors du terrain, il se révèle un coiffeur hors pair. La veille de la finale, l'Aixois, aidé dans sa tâche par Laurent Munier, voit défiler sous sa tondeuse les crânes de ses partenaires. « On a dû finir vers deux heures du matin. Ce n'était pas ce qu'il y avait de mieux pour préparer une finale, s'amuse l'intéressé. Mais c'était aussi une façon de dédramatiser. De penser à autre chose. On voulait marquer notre différence et se dire que le sport, ce n'est pas que du stress. » Entre les mains expertes d'Éric Quintin, chaque joueur va choisir un symbole, un sigle, un signe distinctif pour passer un message, faire un clin d'œil, pousser un coup de gueule ou même faire de la pub…

Grégory Anquetil, fidèle à sa réputation de fêtard, se fait dessiner sur l'arrière de la tête le nom d'un bar de Montpellier ; le pivot Gaël Monthurel, plus politique, opte pour une croix de Lorraine ; Laurent Munier pour un cœur ; Philippe Gardent, le nœud symbole de la lutte contre le sida ; Thierry Perreux, un jeu du morpion ; ou encore l'hermine bretonne pour Guéric Kervadec, dont les racines lui sont chères... « Moi, je me suis fait dessiner le symbole *Peace and Love* car on était en plein conflit entre la Serbie et la Croatie. Croatie que l'on allait affronter quelques heures plus tard, explique Quintin. Juste pour dire que c'était fatigant de voir toute cette haine. » De leur côté, sans qu'on sache vraiment pourquoi, le gardien de but Bruno Martini et l'arrière droit Stéphane Stoecklin inventent le « sponsoring de finale », en faisant dessiner dans leurs cheveux trois bandes, le sigle d'Adidas. La marque, partenaire des Bleus, appréciera tellement le coup de pub qu'elle offrira aux deux compères une dotation en matériel de plus de 10 000 francs (environ 2 000 euros aujourd'hui). Nike, concurrent d'Adidas et partenaire du PSG-Asnières où évolue Stéphane Stoecklin, aura moins goûté à la plaisanterie... « Comme on venait de lancer le sandball(4) avec Laurent Munier, ils nous les ont spontanément donnés pour la promotion de ce nouveau sport », raconte Éric Quintin. Seul Frédéric Volle gardera sa coupe d'origine, une longue tignasse brune qu'il a patiemment laissé pousser depuis 1993. Aussi, lorsqu'ils se présentent pour la finale, ce sont de véritables « barjots » que la planète handball découvre

(4) Handball sur sable.

vre ainsi (dé)coiffés. De ce mondial islandais, la génération a gagné un surnom initié par Philippe Gardent. En 1993, répondant à une journaliste de *L'Équipe* qui lui demandait comment il définissait son clan, le capitaine avait lancé : « Nous sommes une bande de barjots ». Le lendemain, l'article était publié avec en titre « Appelez-les les Barjots ». Deux ans plus tard, l'intuition était confirmée par une nouvelle performance de choix, donnant son nom à toute une génération.

Le 21 mai, la France affronte une nouvelle nation sur la scène mondiale, la Croatie. En digne héritière de l'école yougoslave, elle vient d'accomplir un Mondial fantastique, se payant le luxe d'éliminer en demies la Suède. Discret lors de la première phase, comme la plupart de ses coéquipiers, Jackson Richardson, en défenseur avancé, prend les choses en main dès le coup d'envoi. Il est partout, intercepte les ballons avec une facilité déconcertante. « C'était Jackson contre la Croatie », dira même Daniel Costantini. Derrière lui, cinq défenseurs naviguent entre la ligne des 6 et 9 m, Anquetil et Quintin aux ailes, Guéric Kervadec et Frédéric Volle en poste d'arrières et Mahé au centre, remplacé par Stoecklin sur les phases d'attaque. L'Isérois, éblouissant avec sept buts de son sublime bras gauche, bénéficie tout au long du match des espaces libérés par son pivot breton. Il enchaîne les gestes techniques, comme les chabalas, shoots en finesse effectués en cassant le poignet pour assurer une trajectoire elliptique à son tir. Rien de plus frustrant pour un gardien que de voir passer un ballon très lent à quelques centimètres de sa figure sans pouvoir l'arrêter. Les Bleus mènent rapidement 5-1, puis 8-3. Dans les cages, Delattre puis Martini tiennent la maison. Alors qu'ils tournaient à 10 buts de moyenne par mi-temps, les Croates n'en marquent que 6 lors des 30 premières minutes (11-6). Les joueurs au drapeau à damier tentent alors de changer de stratégie, passant d'une défense avancée, censée mettre en échec les tirs de loin, à une défense à plat, le long de la ligne des 6 mètres. Sans succès. À la 45e minute, les Barjots mènent 16-10. Munier, qui a remplacé Stoecklin, marque lui aussi. À la place de Kervadec, en échec au tir face au portier croate Matosevic, Costantini fait rentrer Monthurel. Le pivot normand inscrit trois buts d'affilée. Il est en feu, comme toute l'équipe. Subissant en quelque sorte le syndrome de la France 1993, se croyant peut-être déjà arrivée, la Croatie n'est jamais en mesure de contester le renouveau tricolore au terme d'une finale maîtrisée de bout en bout, pour finir à 23-19. Après une troisième place en 1992, puis une deuxième en 1993, les Français touchent enfin l'or de leurs doigts. « Un titre de champion du monde, c'est une consécration extraordinaire, rapporte Denis Lathoud, à l'origine du réveil du groupe. Souvenez-vous d'où l'on vient : de nulle part ! »

Sur le podium, toujours enlacés les uns avec les autres, les Français entonnent sans mégoter un hymne qu'ils rêvent d'entendre depuis toujours. Leur médaille autour du coup, les Bleus reprennent en file indienne la chorégraphie de *Saga Africa*, la chanson à la mode de Yannick Noah, sous la houlette de « Boule » Gardent. Dans les vestiaires, la fête qui s'ensuit est à la hauteur de la réputation des Barjots : les bouteilles d'eau se vident sur les têtes, les serviettes volent, les cris fusent. Le délire, quelque peu alcoolisé, se poursuit dans l'avion qui les ramène vers Paris. Tant et si bien que c'est torse nu que certains Bleus débarquent à Roissy. Philippe Médard est là pour les accueillir, les larmes aux yeux. L'ancien gardien, héros de Prague et Barcelone, mesure la portée de l'exploit accompli par ses camarades. Le handball vient de donner à la France son premier titre mondial dans un sport collectif.

Dans la foulée, les seize champions et le staff sont reçus à l'Élysée par Jacques Chirac. L'ancien maire de Paris, élu au début du mois à la présidence de la République, a pris officiellement ses fonctions le 17 mai. L'histoire a retenu de lui que s'il s'intéressait avec passion aux combats de sumo, il n'entendait pas grand-chose aux autres sports. *A fortiori* le handball, qui émerge à peine dans le paysage français. Ceci explique sans doute la méprise restée dans les annales lorsqu'au moment de saluer Jackson Richardson, le chef de l'État lui lança : « *Do you speak french ?* » Jacques Chirac était persuadé que le meilleur joueur français était d'origine… américaine ! Le Réunionnais y gagnera une invitation perpétuelle aux *garden parties* du 14 juillet à l'lysée. Et les Barjots, une carte de visite.

Quintin se prend la tête

Depuis le début de l'ère Costantini, et plus encore lors du mondial islandais, la force des

Barjots réside en cette formidable capacité à se sublimer quand ils ont décidé qu'ils sont les meilleurs. Leur plus grande faiblesse, la propension à redevenir une équipe quelconque quand l'envie et la détermination font soudain défaut. Et surtout à laisser les *ego* prendre le dessus sur l'intérêt du groupe.

L'euphorie de la victoire retombée, il faut se remettre au travail. À commencer par les qualifications pour l'Euro 1996 en Espagne. Le 4 novembre 1995, la France affronte la Belgique à Nantes. Deux jours plus tôt, à Liège, les Bleus se sont fait surprendre (20-21). Une défaite, une déroute plutôt, indigne d'une équipe championne du monde contre une équipe beaucoup plus faible que lui. « On avait besoin de challenge, d'être parfois dans un état second pour construire nos victoires. On avait cette culture de la gagne en nous. Mais on faisait parfois preuve de suffisance, analyse Philippe Gardent. Contre la Belgique, il manquait la passion. » Ce match en Loire-Atlantique allait être le théâtre d'un geste beaucoup plus marquant qu'une simple défaite. Deux jours après la fête des Morts, c'est la carrière internationale de l'ailier Éric Quintin que l'on enterrait, pour sa 216e et dernière sélection en Bleu.

Il reste une poignée de secondes à jouer dans cette première mi-temps. La France a refait son retard par rapport au match aller, menant 7-4. Le dernier ballon sera pour l'attaque belge. En défense, Éric Quintin crie à son arrière Philippe Schaaf de s'avancer vers le tireur adverse pour l'empêcher de passer. Le joueur de l'US Ivry ne l'entend pas, ne l'écoute pas ou n'y arrive pas. Bref : son vis-à-vis belge réduit le score. Dans le couloir qui les ramène au vestiaire, l'ailier aixois, excédé, commence à invectiver son partenaire. « Je t'avais dit de monter ! », hurle Quintin. Schaaf se retourne et, des deux mains, pousse l'ailier gauche des Bleus. « Ce contact physique m'a fait glisser subitement vers l'agression », avouera l'intéressé. Thierry Perreux, laissé sur la touche ce jour-là, tente de séparer les deux hommes. Mais la rage de Quintin est trop forte. Le Provençal assène alors un violent coup de tête à celui qui avait osé le défier. Schaaf est KO, le nez cassé.

Dans le vestiaire tricolore, c'est l'incompréhension. Les joueurs, qui ont tous assisté à la scène, sont effondrés. L'entraîneur Daniel Costantini entre dans une colère noire et tente de mettre des mots sur l'incompréhensible. « Je me suis retrouvé dans le vestiaire. Schaaf était là, avec le nez en sang, et Quintin était maîtrisé. Kervadec pleurait sur le banc. Puis, je suis resté seul dans le couloir, incapable de réagir. J'ai tout de suite eu l'impression de ne pas être à la hauteur de la situation, qu'elle m'échappait. J'ai dit des choses mécaniques. Puis je leur ai lancé : "Maintenant il faut gagner le match". Peut-être que j'aurais dû prendre mon blouson, quitter la salle, et puis dire adieu au hand pour toujours... Encore une fois, il aura fallu ces circonstances dramatiques pour que les joueurs fassent un match admirable. Éric Quintin, en donnant ce coup de boule, s'est suicidé en direct. Il a voulu me faire passer un message : "Tu vois, je suis toujours là, malgré des performances moyennes." Cela fera quand même un peu cher la communication ![5] »

Ayant pris la gravité de la situation quelques secondes seulement après son geste, l'ailier gauche quitte la pièce. « À peine sorti, je croise un ancien joueur yougoslave qui me dit que je n'avais pas le droit de fuir. Que je devais retourner dans le vestiaire, présenter mes excuses à Philippe Schaaf et au

(5) Costantini explique Quintin : *Libération*, 7 novembre 1995.

groupe, ce que je suis allé faire. Je lui en serai reconnaissant toute ma vie », souffle Éric Quintin. Noyé dans sa détresse, il traverse Nantes à pied et erre. Son seul point d'ancrage : Laurent Munier, frère d'armes et ami proche depuis quinze ans. Il a été sorti du groupe quelques jours plus tôt après la défaite outre-Quiévrain et est reparti chez lui. « Éric m'a tout de suite téléphoné et m'a dit : "Lolo, j'ai fait une grosse connerie" », explique-t-il aujourd'hui. L'absence de Munier a peut-être joué un rôle dans ce « pétage de plomb ». « Au retour de Liège, en gare de Lille, Daniel Costantini avait demandé au capitaine Philippe Gardent de choisir un joueur qui devait quitter le groupe. La situation était ubuesque, se souvient Laurent Munier. Comme Katia, ma femme, était enceinte, j'avais choisi de partir de moi-même. » Pour Denis Lathoud, cette décision n'est pas neutre dans le geste de Quintin : « Éric ne jouait pas très bien. Il a sans doute culpabilisé de voir son pote de toujours quitter le groupe. Logiquement, c'est lui qui aurait dû partir. Sans doute qu'inconsciemment, il a voulu se punir de cette situation. »

Le groupe aurait aimé régler ce conflit « en famille ». Mais de retour sur le terrain pour la

2e mi-temps, les observateurs remarquent vite que quelque chose ne tourne pas rond. Schaaf accompagné à l'hôpital de Nantes par un membre du staff, Quintin parti on ne sait où, le banc tricolore est subitement devenu bien vide. « On n'a pas pu cacher le problème longtemps », admet Lathoud. L'histoire des copains qui se castagnent après une belle aventure fera couler beaucoup d'encre dans la presse nationale. « Ce coup-là, on ne l'a pas vu venir, analyse Philippe Gardent. On avait eu jusqu'alors des comportements parfois excessifs, certes, mais toujours contrôlés. »

Plus de quinze ans plus tard, Éric Quintin, aujourd'hui conseiller technique de la ligue Provence-Côte d'Azur de handball, repense toujours à cette soirée de novembre 1995 : « C'est une épreuve qu'il a fallu surmonter. J'ai beaucoup appris sur moi-même grâce à cette histoire. Sur le terrain, j'ai toujours été d'une radicalité extrême et il m'est arrivé plusieurs fois de sortir de mes gonds quand je considérais qu'un partenaire ne donnait pas le meilleur de lui-même. Il existait une certaine concurrence sportive entre Schaaf et Munier. Mais je ne pense pas qu'il faille y voir un acte manqué. Je suis aussi capable de me montrer extrêmement dur avec les gens que j'aime. » La commission de discipline de la Fédération française infligera à Éric Quintin une suspension d'un an en équipe de France. Un délai qui aurait pu permettre, dans l'absolu, son retour. Mais la gravité de son acte, irrémédiable, mettra un terme à sa carrière chez les Bleus. Son absence sera préjudiciable à la vie du groupe. « C'est lui qui a le plus manqué aux Jeux olympiques de 1996 », avoue Costantini.

De son côté, Philippe Schaff a subi une double peine : agressé, puis boudé par ses partenaires. L'Alsacien ne manquait pourtant pas de qualités. Gaucher, grand (1,98 m), intelligent, il n'a jamais convaincu ses coéquipiers et est resté aux yeux de tous le protégé de Daniel Costantini. « Je me sens responsable de cet accident dramatique car j'ai insisté outre mesure. Un coach ne doit pas s'efforcer d'imposer un joueur s'il n'a pas l'adhésion de l'équipe », reconnaît aujourd'hui l'ancien sélectionneur. Ici, il n'est plus question de simples bisbilles entre les Bronzés et les *British*. Une fracture s'est dessinée entre les anciens et ceux qui veulent se faire leur place. Le plus incroyable avec ces Barjots, c'est qu'au retour des vestiaires, la Belgique sera écrasée 21-9 et les Français se qualifieront pour l'Euro. Preuve que le talent est toujours là. Mais pas la cohésion. Une éclaircie apparaît tout de même en fin d'année : Jackson Richardson est désigné joueur mondial de l'année par la Fédération internationale de handball. C'est le premier Français à être ainsi honoré.

Atlanta, des Jeux pour rien

Championne du monde en titre, la France rêve désormais, avec une certaine légitimité, de consécration olympique. Les Barjots ont acquis une crédibilité et une notoriété évidentes. Quatre ans après le bronze de Barcelone, c'est à Atlanta, aux États-Unis, que la bande à Daniel Costantini part en quête d'un nouveau titre. Hélas, dans la ville où est né le Coca-Cola, les Bleus vont faire pschitt.

Dans l'avion qui emmène les favoris en Géorgie, trois cadres charismatiques, le capitaine Philippe Gardent et ses deux grognards, Laurent Munier et Thierry Perreux, n'ont pas leur place. Daniel Costantini n'a pas voulu d'eux dans l'équipe. Éric Quintin, quant à lui, suspendu un an après son agression, n'a eu besoin de personne pour s'exclure du groupe. « On n'a jamais compris, explique Laurent Munier. On s'est retrouvés dans la position d'un boxeur champion du monde en titre à qui on empêche de défendre sa ceinture ». Pour justifier ses choix, Daniel Costantini met en exergue un déficit de motivation. Profitant de la mise sur la touche d'Éric Quintin et du traumatisme qui a découlé de l'épisode de Nantes, le sélectionneur avait, fin 1995, avancé de quelques semaines le renouvellement du groupe. « Une certaine redistribution des cartes tactique », selon Costantini, pour « faire exploser le groupe des Barcelonais, indulgents vis-à-vis d'eux-mêmes, mais intransigeants envers ceux qui n'ont pas vécu cette aventure.[6] » Un certain Joël Abati, joueur de Créteil, a d'ailleurs été appelé à cette époque-là.

Cette idée a été une grosse erreur, selon Thierry Perreux, : « Les Jeux de 1996 présentaient une opportunité incroyable d'aller chercher la médaille d'or, raconte-t-il. Car à part les Croates, je ne vois pas qui aurait pu venir nous battre. » Sous-entendu : si les trois cadres écartés avaient fait partie du

(6) Costantini sur renouvellement : *Le Monde*, 30 novembre 1995

voyage américain. Munier (29 ans), Perreux (33 ans) et Gardent (32 ans) étaient d'ailleurs très motivés à l'idée de finir ensemble sur un événement comme les Jeux olympiques. Philippe Gardent a été de toutes les campagnes depuis 1983. Il est un élément indissociable des Barjots. Pour celui qui est aujourd'hui entraîneur de Chambéry, la cicatrice ne s'est toujours pas refermée. « Costantini nous a frustrés, lâche-t-il. Pour nous, l'histoire s'est terminée un peu en queue de poisson. On n'a pas maîtrisé notre sortie, c'est une frustration énorme. Il allait de soi que nous allions finir le cycle des Barjots à Atlanta. Car même si quelques jeunes poussaient derrière, on avait encore notre place dans ce groupe. » Un constat contrebalancé par la vérité du terrain. L'éclosion de Kervadec au poste de pivot avait déjà mis Gardent sur le banc lors du Mondial 95. Les bonnes performances de Grégory Anquetil à l'aile droite pèsent aussi dans la balance contre la sélection de Thierry Perreux. Mais Costantini n'avait sans doute pas mesuré l'importance de ces garçons dans la vie du groupe. Sans leurs cadres historiques, les Barjots vont se sentir orphelins.

Le sélectionneur Daniel Costantini s'est toujours

défendu d'avoir sciemment voulu reprendre les rênes d'un groupe sur lequel il avait de moins en moins d'emprise : « Ce n'est pas pour rendre l'équipe plus malléable que j'ai écarté Gardent, Munier et Perreux. J'ai toujours eu le souci, d'une compétition à l'autre, de renouveler le groupe. Et puis il restait encore des personnalités fortes comme les Lathoud, Volle, qui portaient en eux la marque des Barjots. » Avec le recul pourtant, Costantini estime qu'il aurait dû revoir sa copie : « J'ai toujours fait des essais, pris des risques. Je suis prêt à admettre aujourd'hui qu'à Atlanta, j'ai fait une erreur. »

Quelques signes avant-coureurs auraient pu alerter le staff tricolore sur la possibilité d'une désillusion à Atlanta. En mai 1996, l'équipe de France prend de nouveau à la légère la deuxième édition des championnats d'Europe. Un test, sorte de mini-championnat du monde, puisque la plupart des nations qui pratiquent le handball à un haut niveau sont issues du Vieux continent. Trois victoires et deux défaites plus tard, la France remporte piteusement le match pour la septième place contre l'Allemagne. La compétition, juste avant le stage de préparation pour les Jeux à Pornic (Loire-Atlantique), n'était toutefois pas un objectif. Les questions d'argent s'étaient aussi immiscées dans les relations personnelles ; une histoire de bonus trop faibles accordés pour les bonnes performances. « Certains demandaient, en cas de victoire, des primes élevées. Chose que l'on méritait très certainement après notre titre mondial en Islande, explique Denis Lathoud. Mais il fallait tenir compte aussi des moyens financiers de la Fédération française qui ne roulait pas sur l'or. » Les absences des cadres pèseront lourd dans les négociations. « Les Barjots, c'était huit ou neuf joueurs qui décidaient ensemble. Avec eux, on aurait forcément trouvé un terrain d'entente, un juste milieu qui aurait satisfait tout le monde », conclut Lathoud. Autre élément d'importance, la crise de l'OM-Vitrolles. Au début du mois de juillet, le champion de France en titre dépose le bilan après avoir accumulé des dettes faramineuses. Il est ensuite rétrogradé administrativement en deuxième division puis placé en liquidation judiciaire. Les Volle, Martini, Richardson et Amalou, qui sont sélectionnés pour Atlanta, doivent chercher un autre club pour la saison suivante. Une préoccupation qui peut avoir joué sur la capacité à fixer leur attention sur l'objectif de médaille d'or. Daniel Costantini, lui aussi, se pose des questions. Sur son avenir, sur le chemin qui lui reste à parcourir comme sélectionneur. Le Marseillais veut accomplir la transition entre ancienne et jeune garde. Avant de s'envoler outre-Atlantique, il prolonge son contrat d'un an, jusqu'aux Championnats du monde au Japon.

Aux États-Unis, les tentations sont nombreuses, comme à Barcelone quatre ans plus tôt. Mais cette fois-ci, personne n'est là pour veiller sur le voisin. Selon Laurent Munier, « il faut comprendre que chez les Barjots, chacun était le garde-fou de l'autre. Il y avait toujours quelqu'un pour ramener à la raison un joueur qui allait trop loin. À Atlanta, ce n'était plus le cas... » Certains oublient vite qu'ils ont une compétition à disputer, un véritable challenge à relever. « Je l'avoue, moi je n'y étais pas, confesse aujourd'hui Denis Lathoud. Je n'avais pas envie d'y aller, de voir les potes écartés de la sorte, j'avais mal au cœur. » Parmi les plus dissipés, Grégory Anquetil, qui se fera remarquer dans le village olympique. Les conditions d'entraînement ne sont pas non plus idéales, nécessitant de longues heures de transport pour se rendre au gymnase. On tente quand même de faire revivre l'esprit Barjots, à l'image du bizutage de Stéphane Joulin, Raoul Prandi et Éric Amalou, qui déambuleront en plein village olympique vêtus seulement d'une cravate et d'une coquille de protection, habituellement réservées aux gardiens. La police américaine n'appréciera pas la blague…

Le début de compétition paraît facile. En quatre matches, les Bleus passent 122 buts à leurs adversaires. D'abord l'Espagne (27-25), qui ne parvient toujours pas à battre ses voisins pyrénéens ; ensuite l'Algérie (33-22), le Brésil (37-23) et l'Égypte (25-20). Des victoires en trompe-l'œil. Déjà qualifiés pour la demi-finale, les Français se laissent une première fois surprendre par l'Allemagne au terme d'un match tendu (23-24). Puis, le 2 août 1996, c'est la Croatie qui se présente pour une place en finale. Revanchards, les Dalmates n'ont pas oublié la finale du championnat du monde, l'année précédente, lorsque les Barjots leur avaient donné la leçon. Ils ont bien retenu. Sur le premier but encaissé, Frédéric Volle s'énerve déjà. Lui qui a passé 14 buts (!) aux Brésiliens comprend que le match va être compliqué. Dans les cages, Matosevic est intenable. Au bout de quinze minutes, les Croates mènent 6-2. Les masques ne vont pas tarder à tomber : les Barjots sont devenus penauds, incapables de réagir, de rivaliser. Sur son aile ou en contre-attaque, Anquetil manque tout ce qu'il tente. Pire : on s'engueule entre coéquipiers. « En demi-finale, on s'est plus fait la guerre entre nous que contre les Croates », concède Greg Anquetil. Terrible constat : après la défaite en demi-finale (20-24), certains iront faire la fête quand même de leur côté. L'esprit « Barjots » se meurt.

Deux jours plus tard, lors du match pour la troisième place face à l'Espagne, la sérénité de façade vole alors en éclats. Les vieux complètement à côté de la plaque, les jeunes faisant avec leurs moyens. « Je n'avais pas envie de me battre pour cette équipe. Et puis moi, c'est l'or qui me manquait. Le bronze, je l'avais déjà... », lâche Lathoud. La France finira quatrième (25-27). « La place du con », dira Frédéric Volle, avec son franc-parler habituel.

« L'échec d'Atlanta s'explique facilement. Cette équipe a pris ses désirs pour des réalités, analyse froidement Costantini. Les Barjots avaient oublié à quel point ils avaient travaillé, à quel point ils avaient souffert pour décrocher une médaille à Barcelone. Le succès face à l'Espagne lors du premier match leur a sans doute fait croire que ce serait facile. L'équipe a manqué d'humilité. Et quand elle ne parvient pas à mettre l'investissement nécessaire, elle devient vite vulnérable. » « Je regrette vraiment ce qui s'est passé à Atlanta », confesse aujourd'hui Grégory Anquetil. Si à Barcelone et Reykjavik, l'alcool et la fête pouvaient parfois consolider les amitiés, à Atlanta, ils servaient à noyer les rancœurs et à oublier les devoirs de chacun. « Les sollicitations était nombreuses et certains s'y sont perdus, confirme Kervadec. Les leaders n'ont pas joué leur rôle. Moi-même, je me dis que j'aurais dû m'exprimer un peu plus. Mais je comptais trop sur les anciens. Ils n'ont rien fait pour redresser la situation. »

En ligne de mire, les six « survivants » de Barcelone, Richardson, Volle, Lathoud, Stoecklin, Monthurel et Mahé, capitaine lors de ces olympiades. Denis Lathoud, l'instigateur de la réunion salvatrice de Reykiavik, n'a pas trouvé l'envie de renouveler l'expérience : « À Atlanta, je n'avais pas ce désir de me défoncer pour l'équipe. En fait, plus ça allait, moins ça allait. » Un manque de communication fatidique. On reprochera aussi à Jackson Richardson de ne pas s'être exprimé sur cet échec. « Ce n'est que dix ans plus tard que j'ai appris que certains ne voulaient pas venir, qu'ils n'étaient pas motivés, se défend l'icône du handball français. Je leur ai dit en face ce que j'en pensais. Il n'est pas acceptable de prendre part à une compétition comme les Jeux olympiques et d'entendre dire qu'on n'est pas prêts à tous les sacrifices. Même si ces joueurs me sont chers, c'est un manque de respect pour les partenaires qui ont souffert durant la préparation et qui rêvaient de faire quelque chose de bien. Je leur en veux toujours de ne pas avoir eu le courage de dire les choses le jour J. »

Les Bleus reviennent en France sans médaille. Daniel Costantini, amer, ne cache pas son désarroi : « Je n'ai toujours pas compris comment fonctionnait cette équipe qui bafouait les règles en permanence, souvent pour le meilleur, parfois pour le pire. » Les Bleus ne sortent pas indemnes de leur aventure américaine. Jusqu'ici, les victoires, les exploits, les titres compensaient les excès, et parfois les débordements des Barjots. Le jour où le succès n'a plus été au rendez-vous, il a fallu en payer le prix. Plus que le résultat, finalement honorable, c'est la manière qui attire les critiques. « On en a pris plein la figure » concède Lathoud. « C'est dans l'avion que j'ai découvert le titre de *L'Équipe* "Appelez-les les Charlots", se souvient sans beaucoup de plaisir Guéric Kervadec. Il n'y avait rien à redire sur le contenu de l'article car on savait ce qu'on avait fait de bien ou pas. Mais ce titre, il faisait mal. » Denis Lathoud, au contraire, l'a encore en travers de la gorge : « Quatrième des Jeux, ce n'est tout de même pas catastrophique ! D'accord, on avait les moyens de faire mieux. Mais un titre pareil, je ne l'ai toujours pas digéré. Et je crois que je ne le digérerai jamais. »

Une page se tourne. Denis Lathoud, l'âme de l'équipe, 264 sélections, ne rejouera plus pour l'équipe de France. Frédéric Volle, déçu, changera de vie en signant en Allemagne, puis au Japon, dont il deviendra même le sélectionneur. Aujourd'hui, le Sudiste habite au Canada où il gère une entreprise de meubles design. Il a laissé derrière lui un record, celui du plus grand nombre de buts marqués en bleu, avec 1016 unités (battu en 2008 par Jérôme Fernandez). Grégory Anquetil sera déclaré *persona non grata* par Daniel Costantini. Pour encadrer les jeunes, seuls restent Richardson et Stoecklin (27 ans chacun). Autant dire que c'est un chantier d'envergure qui s'ouvre. Ce qui fera dire à l'entraîneur que « désormais, les portes de l'équipe de France sont ouvertes ». Il prend conscience que sa méthode qui a tiré une escouade des bas-fonds de l'élite mondiale jusqu'à la première marche du podium n'est plus adaptée pour, justement, obtenir des résultats réguliers. Mais changer plus de dix ans d'habitudes n'est pas aisé.

1997-2000, retour à un certain anonymat

En mai 1997, l'équipe de France débarque au Japon pour défendre son titre. Dans ses rangs, quelques jeunes comme Guillaume Gille, Yannick Reverdy ou Sémir Zuzo tapent à la porte. Contre toute attente, ce groupe en reconstruction accroche la Suède à son tableau de chasse, concédant une seule défaite sur cinq matches au premier tour. Un tirage au sort favorable leur permet d'écarter le

Japon en huitièmes (22-21), puis l'Égypte (22-19). La demi-finale se jouera contre la Russie, qu'ils n'ont pas battue depuis 1994. Le match est serré. À la mi-temps, la France est menée de deux buts. Elle trouve les ressources nécessaires pour pousser les Russes à la prolongation (21-21). Le gaucher Stéphane Stoecklin est au sommet de son art (il finira la compétition avec 50 buts au compteur). Mais l'expérience est un bien précieux et ces Bleus-là en manquent cruellement. À la dernière seconde, ils doivent s'incliner (24-25). Contre une Hongrie émergente, la France arrivera tout de même à décrocher une médaille de bronze (28-27), troisième podium d'affilée lors d'un championnat du monde.

Daniel Costantini sent qu'il peut amener ses hommes vers de nouveaux horizons. Il prolonge son bail avec la Fédération. Jérôme Fernandez, Didier Dinart, Cédric Burdet, Laurent Puigsegur, Bertrand Gille ou encore le Yougoslave naturalisé Français Andrej Golic font leur apparition sous le maillot tricolore. La mayonnaise a du mal à prendre, notamment aux championnats d'Europe 1998 en Italie (7e) ou au Mondial 1999 en Égypte (6e). Mais la place pour les Jeux de Sydney est dans la poche. Certains sont revenus en forme, comme Patrick Cazal, déjà champion du monde en 1995. D'autres abandonnent le navire. En 1999, Stéphane Stoecklin, élu joueur mondial de l'année deux ans plus tôt, annonce qu'il met un terme à sa carrière internationale. À 32 ans, l'Isérois n'a plus la même vision de son sport que ses camarades. Surtout depuis qu'il a quitté l'Europe pour le club de Suzuka au Japon avec Frédéric Volle, à la faveur d'un contrat en or. Lorsque se profilent les Jeux, Jackson Richardson est donc le seul à avoir connu deux olympiades. Les résultats des quatre dernières années, en dent de scie, ne sont pas les gages d'une sérénité à toute épreuve. Même si la France a obtenu une honorable 4e place à l'Euro, en janvier 2000, en Croatie. Le Chambérien Bertrand Gille montre, à tous les postes, des qualités remarquables. Didier Dinart, qui joue dans le meilleur club de France, Montpellier, commence à s'imposer comme le digne successeur de Pascal Mahé au poste de n°3, au cœur de la défense.

Arrivés en Australie, en septembre 2000, un coup du sort va frapper Daniel Costantini. Un événement qui va toucher sa volonté, sa détermination et sa lucidité. Lui qui s'est toujours tenu à distance respectable de ses joueurs va se couper de son groupe à Sydney. Au soir du match contre l'Espagne, le sélectionneur national est terrassé par l'annonce du décès de son père en France. L'homme est ébranlé. L'entraîneur tient à demeurer debout. Toujours droit. Toujours digne. Mais la douleur le ronge. Au sein de la délégation française, très peu de personnes sont dans la confidence. Michel Barbot, l'adjoint nommé après l'échec d'Atlanta, est informé. Souvent en retrait, le coach paraît cette fois absent. Taciturne, il est cette fois renfermé. Ce malaise rejaillit sur le terrain, où ses choix commencent à faire débat. Ses options tactiques sont sous le feu des critiques. Le 22 septembre, la France est sur le point de battre la Suède pour son 4e match de groupe. Christian Gaudin a accompli une première mi-temps de folie, auteur de 50 % d'arrêts. Mais le sélectionneur pense qu'il est en train de vaciller et le remplace par Bruno Martini. Les Bleus s'inclineront finalement d'un but (23-24). Grâce à leurs victoires sur la Tunisie (20-17), l'Espagne (25-23) et l'Australie (28-16) et un match nul contre la Slovénie (24-24), ils sont quand même qualifiés pour le tour suivant.

En quarts de finale, face à la Yougoslavie, le coaching, l'art de faire les bons choix aux bons moments, semble une fois défaillant.

Guillaume Gille est décalé du poste d'arrière à celui d'ailier gauche. Durant près de quarante minutes, le joueur formé à Loriol (Drôme) va errer dans un coin du terrain où il n'a jamais mis les pieds. Même incompréhension pour le Montpelliérain Andrej Golic : le Croate de naissance, qui brille depuis quelques années en tant qu'ailier gauche, passe le plus clair de son temps au poste de demi-centre. La gestion du groupe en dehors de l'aire de jeu n'est pas du goût de tout le monde. Certains bénéficient même de passe-droit. Comme celui de pouvoir compter sur la présence de sa femme à Sidney. Tous ne sont pas logés à la même enseigne, ce qui nourrit les rancœurs.

Après une défaite logique (21-26), Daniel Costantini convoque l'équipe pour une séance vidéo à l'hôtel : « On était à quatre mois seulement du Mondial organisé en France, j'ai voulu comprendre ce qui s'était passé, mettre le doigt sur nos lacunes. » Dans un rôle de redresseur de torts, l'entraîneur national adopte alors un discours martial.

Chaque joueur en prend pour son grade. « J'ai voulu que chacun assume sa part de responsabilité », commente le sélectionneur. Mais cette grosse colère a du mal à passer. Bertrand Gille n'a jamais compris les critiques et reste encore douloureusement marqué par cette journée du 26 septembre. « La seule chose que je lui ai dite, c'est qu'il devait être capable de plus de sacrifices pour l'équipe », se défend le sélectionneur. « C'est à ce moment précis que l'on a constaté une réelle cassure, explique Guillaume Gille. On ne se reconnaissait plus dans ses critiques. On ne voyait plus où il voulait nous emmener, sinon dans une voie sans issue. » C'est son procès à lui, le démiurge de ce maillot bleu, qui s'ouvre. Une mutinerie.

C'est le moment choisi pour faire entrer l'arrière Marc Wiltberger, sélectionné régulièrement depuis le début des années 1990, mais jamais lors de compétitions internationales. Lui dont Costantini a dit qu'il était à Sydney parce qu'il avait manqué le Mondial 1995 et les Jeux d'Atlanta, sorte de récompense pour services rendus, assène une attaque fatale. L'Alsacien sort une lettre de sa poche et se met à lire. « C'était tout sauf un coup de sang, explique-t-il. J'ai mis plus d'une semaine à l'écrire. J'ai tenu à l'exposer devant tout le monde. J'ai téléphoné à mon père, qui est avocat, pour être sûr de ne pas dépasser certaines limites. Même si j'ai jeté la lettre par la suite, je me rappelle parfaitement de la première phrase : je remerciais d'abord Daniel pour les dix ans passés en équipe de France et les satisfactions que j'ai pu y rencontrer… » La suite sera beaucoup moins amicale. Le ton plus cassant, plus vindicatif. Soupçonné d'avoir été sélectionné par complaisance, Marc Wiltberger se défend. « Je ne voulais pas porter le chapeau de l'élimination tout seul, comme ont eu à le faire Lathoud et Volle après Atlanta. J'ai expliqué à Daniel que je n'avais rien compris à son fonctionnement durant ces Jeux. » Costantini est KO debout. Sonné. Tel un boxeur qui vacille, il tente de retrouver ses esprits mais les mots tardent à venir. C'est lui qui engueulait ses joueurs, c'est l'un d'eux qui lui a mis une droite en pleine figure. La lettre libère la parole et tout le monde se lâche. Richardson ne manque pas de dire ses quatre vérités à celui qui a contribué à son éclosion au plus haut niveau : « Je lui ai dit que si j'étais arrivé au niveau qui est le mien, c'est qu'à un moment, il avait su me botter le cul. Je dois ma vie d'homme à mon père, ma carrière de handballeur à Daniel Costantini. Mais ce jour-là, je lui ai dit qu'il n'avait plus la poigne, plus la niaque pour mener un groupe. » Aujourd'hui, le sélectionneur n'a toujours pas compris : « Personne n'a assumé, je me suis retrouvé tout seul. » Certains anciens, comme Guéric Kervadec, le capitaine, sont prostrés. Incapables de réagir à un tel spectacle de désolation. L'unité implose dans la chaleur australe. Avec le recul, le Breton n'hésite pas à mettre en cause ses coéquipiers : « Je n'ai pas compris les comportements de certains joueurs. Par rapport à mes principes, je n'arrivais pas à concevoir que l'on puisse tirer sur l'ambulance comme ça, sans connaître ce que vivait Daniel depuis quelques jours. » Bertrand Gille rectifie : « On nous reproche d'avoir manqué de compassion, de compréhension ? Mais encore aurait-il fallu savoir ce qui s'était passé. Daniel ne s'est jamais ouvert à nous. »

Les joueurs ne connaîtront qu'après cette séance vidéo houleuse la raison des errements de Daniel Costantini. Marc Wiltberger l'affirme : « On était prêt à lui payer l'aller-retour pour qu'il assiste à l'enterrement de son père. Il n'a pas voulu. Les Jeux c'est bien, mais ça ne reste que du sport… » Jackson Richardson reste marqué par cet épisode douloureux. Sans doute parce qu'il n'a pas compris pourquoi le sélectionneur, avec qui il partageait des relations étroites depuis près de dix ans, ne s'était jamais confié à lui : « Je suis quelqu'un d'humain et si j'avais été au courant, j'aurais pu sensibiliser le groupe. On y aurait sans doute puisé une force, on se serait battus pour lui. Et puis j'aurais aimé lui présenter mes condoléances, c'était bien la moindre des choses. » « Jack » se sent très concerné par cette affaire, car lui-même a perdu son père en 1995 : « Si quelqu'un avait pu se mettre à sa place, c'était bien moi. C'est l'homme qui serait allé le voir, pas le handballeur. »

Prisonnier de son mutisme et d'un éloignement dont il est lui-même l'instigateur, Costantini ne se relèvera jamais de cet incident : « J'ai vu dans le regard de certains joueurs que le sélectionneur que j'étais était mort. » Symboliquement, au moins. Dans quatre mois, la France accueille son premier mondial de handball. Il est trop tard pour changer l'entraîneur. Le technicien sait qu'il a, avec les joueurs qu'il dirige, la matière pour conquérir le monde. Le Marseillais, marqué par ce déchaînement de colère, en tirera une conclusion : s'il veut sortir par la grande porte, il va devoir changer sa façon de mener ses hommes. Modifier sa vision du handball, celle qu'il a depuis le début de sa carrière d'éducateur, lors de la première compétition du XXIe siècle. Amorcer le virage de la modernité.

LE PORTRAIT DE STÉPHANE STOECKLIN, ÉLU MEILLEUR JOUEUR DU MONDE EN 1997

Stéphane Stoecklin, vu par son frère Pierre.

« La cuisine, son autre passion »

« Avec le restaurant qu'il a ouvert en Thaïlande depuis quelques années maintenant, Stéphane a réalisé son rêve. Il avait toujours dit qu'il voulait trouver un endroit sympa où il pourrait passer du bon temps. Là-bas, il est toute l'année en tongs et en short, ça lui va bien. Pendant qu'Isabelle (sa femme) prépare les desserts, lui est en cuisine. Il a toujours aimé cuisiner, c'est sa passion. J'aimerais être une mouche pour le voir à l'œuvre parce que parfois, j'imagine que ça doit être un peu chaud...

On ne se voit qu'une fois par an à cause de la distance, mais c'est comme si on venait de se quitter la veille. Je suis l'aîné. Trois ans et demi nous séparent mais on a toujours été très complices. Notre enfance a été bercée par le sport. Notre grand-père était gardien du gymnase municipal à Bourgoin-Jallieu. Alors le dimanche, on prenait possession des lieux et on était les rois. On jouait au hand ou on s'organisait des tournois de tennis. On s'est toujours montrés imaginatifs dès qu'il fallait s'amuser. On pratiquait l'athlétisme également. Pour le lancer de disque, on prenait des vinyles 45 tours au « grand bonheur » de notre mère. On entendait aussi mon père quand on s'organisait des matches de foot dans le jardin... Avec des chaussures à crampons. Papa a été gérant du boulodrome pendant quatre ans. C'est à cette époque qu'on s'est mis à la pétanque. Et quand on partait en vacances en caravane à Cavalaire (Var), on s'inscrivait à des concours en triplettes. Mais on ne revenait pratiquement jamais ensemble tellement on se prenait la tête... On a aussi mauvais caractère l'un que l'autre et on se chamaillait souvent. Ça avait le mérite de la franchise. On était très soupe au lait, mais ça ne durait jamais bien longtemps.

À l'âge de 15 ans, je suis allé à l'internat à Grenoble. À partir de là, nos chemins se sont un peu séparés. Stéphane est ensuite allé au sport-études de Chambéry-le-Haut et on a passé moins de temps tous les deux. Mais on a quand même joué deux ans ensemble à Chambéry qui évoluait à l'époque en Nationale 1 B. On n'était pas du même côté mais on arrivait toujours à bien se trouver sur le terrain. Ensuite, il est parti à Montpellier qui jouait alors en N2. Ses choix n'ont pas toujours été bien compris. Il a rejoint le PSG, Nîmes avant de s'exiler en Allemagne. Je me souviens d'une fois, avec mes parents, on est allés le voir à Minden pour Noël. Mais la voiture est tombée en panne de chauffage. Quand on est arrivés, Steph nous a dit qu'on ressemblait à des poissons panés tout droit sortis d'un congélateur à roulettes !

Malgré sa carrière, Stéphane n'a jamais changé. Il est toujours resté humble. On a toujours plaisir à se voir et c'est rare que l'on parle handball. »

LES BRONZÉS

JO BARCELONE 1992

Le 8 août 1992 à Barcelone, l'équipe de France créé la sensation en décrochant la médaille de bronze olympique aux dépens de l'Islande (24-20). La première d'une longue série.

Les Bronzés peuvent jubiler. Philippe Gardent, Pascal Mahé, Gaël Monthurel (de dos), Thierry Perreux et Frédéric Volle sont les premiers athlètes français à décrocher une médaille olympique dans un sport collectif.

LES BARJOTS

CHAMPIONS DU MONDE 1995

Même auréolée d'une couronne mondiale, la bande à Philippe Gardent ne se prendra jamais au sérieux.

RICHARDSON : JOUEUR DE L'ANNÉE 1995

Révélé trois ans plus tôt à Barcelone, le demi-centre Jackson Richardson est l'un des artisans du premier sacre mondial en 1995 en Islande. La même année, il est élu Meilleur joueur du monde.

STOECKLIN : JOUEUR DE L'ANNÉE 1997

L'arrière droit Stéphane Stoecklin (ici lors des Championnats d'Europe de 1996), Meilleur joueur du monde 1997: « C'est le seul joueur dont on pouvait dire qu'il ne pratiquait pas le même sport que nous » explique en hommage l'ailier Grégory Anquetil.

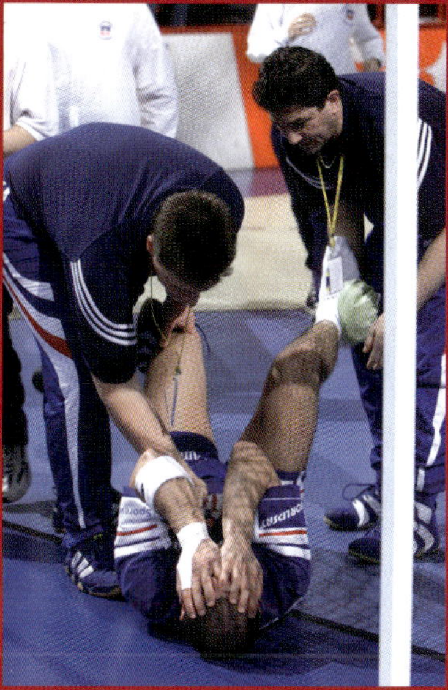

CHAMPIONS DU MONDE 2001

Touché à la cheville droite durant la finale du Mondial 2001 face à la Suède en France, l'arrière droit Patrick Cazal reviendra lors des prolongations pour parachever le succès des Bleus (28-25).

Auteur de huit buts face à Wislander et les siens, l'arrière gauche Jérôme Fernandez est l'homme du match.

LES COSTAUDS

Six ans après la première couronne mondiale en 1995, les Costauds se montrent de dignes successeurs des Barjots.

LES ADIEUX DE COSTANTINI

À la tête de l'équipe de France depuis 1985, l'entraîneur Daniel Costantini, main dans la main avec Jackson Richardson, reçoit l'hommage qui lui est dû. Avec un deuxième titre mondial en poche, « Aldo » quitte la scène par la grande porte.

LA PRISE DE FONCTION D'ONESTA

À partir de 2001, Claude Onesta (à droite) et son adjoint Sylvain Nouet (à gauche) prennent les rênes de l'équipe de France. Le tandem devra attendre 2006 et l'Euro en Suisse pour apporter un nouveau titre aux Bleus.

BERTRAND GILLE : JOUEUR DE L'ANNÉE 2002

Le pivot Bertrand Gille, formé à Loriol puis Chambéry, est désigné Meilleur joueur du monde 2002. De quoi faire la fierté de son frère Guillaume (à gauche).

CHAPITRE 4

2001-2007
LES COSTAUDS

Depuis trois ans, la France vit un rêve sportif éveillé. Son équipe nationale est au sommet. Elle a gagné le Mondial, puis l'Euro… de football. Aussi, lorsque se profile le championnat du monde de handball organisé dans l'Hexagone, l'engouement dépasse les frontières d'un sport jusqu'ici boudé par les télés. Certains se découvrent une passion subite pour ces grands gaillards de Français ; d'autres assurent qu'ils suivent leur parcours depuis le bronze de Barcelone. Mais tous ne rêvent que d'une chose : voir l'équipe de France remporter le titre au Palais-Omnisports de Paris-Bercy. Comme trois ans plus tôt, au Stade de France, lorsque les Bleus d'Aimé Jacquet avaient conquis leur premier (et unique) trophée Jules-Rimet. La France n'ambitionne rien d'autre que de faire aussi bien que l'Allemagne et la Suède, titrées avant elle devant leur public.

Mondial 2001 : l'ultime rendez-vous de Costantini

Depuis que la Fédération française de handball a obtenu l'organisation de l'événement en 1996, les dirigeants ont les yeux rivés sur l'objectif. Pendant deux ans, Daniel Costantini a eu en tête ce qu'il sait être son ultime rendez-vous. Quitte à faire parfois l'impasse sur certaines compétitions et à nourrir la frustration de certains joueurs. « Au championnat du monde 1999 en Égypte et à l'Euro 2000 en Croatie, Daniel ne pensait qu'à 2001. Il fallait que la France soit championne du monde, rapporte Marc Wiltberger. La suite lui a donné raison. » L'Alsacien, condamné de lui-même à ne plus faire partie du groupe après la lecture de sa lettre australienne, fera partie des dommages collatéraux. En dépit du psychodrame survenu dans l'hémisphère sud quelques mois plus tôt, Costantini s'est remis au travail. Le Marseillais a reçu un soutien essentiel, celui de la Fédération. On y retrouve à la fois la volonté de ne pas organiser une sortie en eau de boudin pour celui qui a fait de cette équipe une nation majeure du handball, et celle, plus prosaïque, de ne pas à avoir à chercher un sélectionneur en catastrophe. Au nom de l'intérêt supérieur du handball français, l'entraîneur et les joueurs vont devoir cohabiter, oublier leurs différences un peu, leurs différends surtout, le temps d'une compétition aux enjeux colossaux pour le handball tricolore. Daniel Costantini reste touché, blessé. Après Athènes, il l'avouera plus tard, l'homme a passé quelques semaines difficiles. Cet accrochage entre le maître et ses élèves a laissé une trace indélébile sur lui. L'éducateur qu'il a toujours été décide alors de prendre une décision radicale : celle de changer du tout au tout sa façon de manager.

Dans une longue interview réalisée par l'Insep, l'Institut national du sport[7], Daniel Costantini revient sur cet épisode capital. La scène se passe trois semaines avant le début du tournoi. L'entraîneur entre dans une salle de réunion où sont assis, en face de lui, tous les joueurs. « Je m'assois, théâtral, j'enlève ma veste de survêtement pour bien me poser. Je la mets sur le dossier, je m'avachis un peu comme le font tous les sportifs. Je les regarde et je leur dis : "L'entraîneur précédent, celui qui vous a menés à Sidney, il est mort." Et là, je les montre du doigt et je leur dit : "Et c'est vous qui l'avez tué. Donc maintenant, rien ne sera plus jamais pareil." À ce moment-là, je me lève, je prends ma chaise, ma veste de survêt et je vais m'asseoir à côté d'eux. Jackson me dit : "La réunion est finie ?" Je lui réponds que non, qu'elle ne fait que commencer... silence. Et là, Guillaume Gille dit : "Il faudrait peut-

(7) http://www.canal-insep.fr/memoires_du_sport/daniel-costantini-handball/745

être qu'on s'assoie différemment." Voilà, première prise de conscience. Ils tournent un peu leurs chaises, pour se voir tous, et moi à la périphérie. Je leur ai dit : "Maintenant on va parler. De ce que vous allez dire, on va tirer les lignes directrices de nos trois semaines de préparation et de tout ce qui va nous animer pendant ce championnat du monde. De mon propre chef, je ne propose plus rien. J'enregistre, je fais les choix inhérents à ma fonction, comme savoir qui va jouer, mais c'est vous qui allez construire le projet de jeu de l'équipe." J'ai ensuite posé un certain nombre de questions, je me suis pris un peu pour Socrate : "Qu'est-ce que tu attends des championnats du monde ?" ; "A ton avis, quelle est ta place dans notre dispositif ? Tu es titulaire, remplaçant ?" (...) Ils y ont répondu devant tout le monde. Moi, j'ai enregistré, et à partir de là, on a construit un projet qui, bien sûr, a d'autant mieux marché qu'on était dans une poule initiale facile, que c'était chez nous... Les conditions concrètes permettaient cette prise de risque. »

Les Bleus sont donc les maîtres de leur destin dans un contexte brûlant. Partout où la France se produit, à Nantes pour les phases préliminaires, à

Albertville pour les huitièmes et les quarts de finale et surtout à Bercy pour la demie et la finale, les salles sont combles et l'effervescence de mise. Dès le 23 janvier, pour la confrontation face à l'Algérie au Palais des Sports de Beaulieu, à Nantes, les Français prennent la mesure de l'événement. « Durant les hymnes, toute la salle s'est mise à chanter *La Marseillaise* », se souvient l'arrière gauche Daniel Narcisse, l'invité surprise de la sélection. Quelque 6 500 supporters font corps avec leur équipe. Aux armes, citoyens. « On ne s'entendait plus chanter nous-mêmes. On n'avait jamais connu ça auparavant. » À 21 ans, le Réunionnais dispute là sa première véritable compétition internationale après un Euro 2000 passé dans les tribunes. Il mesure sa chance : « Intégrer l'équipe de France c'était déjà un grand moment. À l'occasion d'un championnat du monde, c'était le top. Qui plus est, en France ! » Les oppositions de l'Algérie (+10), du Koweït (+16), du Brésil (+10) et de l'Argentine (+9) sont si faibles que les Bleus ont du mal à jauger leur véritable niveau. Seule la victoire face aux Yougoslaves (22-20) donne une idée de ce dont ils sont capables.

Les huitièmes de finale sont l'occasion de quitter les bords de l'Atlantique pour se retrouver en

Savoie, à Albertville. Les Chambériens Daniel Narcisse, Guillaume et Bertrand Gille sont en terrain conquis. Les trois compères connaissent bien la Halle olympique pour y avoir joué plusieurs affiches en championnat face à Montpellier ou en coupe d'Europe. « Évoluer devant le public qui nous soutient toute la saison, c'est quelque chose de fort », concède Narcisse. Le Portugal, quasiment inconnu sur la scène internationale, ne semble pas de taille à entraver la route qui mène à la finale. Mais dès l'entame du match, les Bleus déçoivent. Sept ballons égarés, une dizaine de tirs ratés. Les canonniers Cazal et Fernandez sont enrayés. Durant toute la première mi-temps, ils courent après le score. 10-10 à la mi-temps. Dans les vestiaires, la « gueulante » du coach fait réagir ses troupes. Enfin surtout deux d'entre eux : Bertrand Gille (6/6), repositionné du poste de pivot à celui d'arrière gauche, et Bruno Martini dans les buts. Trente minutes suffiront pour repartir du bon pied (23-18). Dès le lendemain, l'Allemagne se présente face aux Français. Avec des joueurs aussi atypiques que redoutables. Dragunski (2,14 m) est le symbole d'une équipe de colosses surgonflés. Ça démarre bien, 3-0 après quelques minutes de jeu pour les locaux. La partie, comme souvent à ce niveau, est serrée, le combat acharné. Greg Anquetil prend une grosse béquille. Bertrand Gille, à peine 23 ans, réitère son petit numéro en rendant fou le géant allemand, pour amener la France à 11-8 à la pause. Mais les choses se corsent. À la 37e minute, les hommes d'Heiner Brand prennent les commandes (13-12). La patinoire d'Albertville est en ébullition. Alors que l'on vient d'entrer dans la dernière minute de la partie, Schwarzer transperce Martini et donne l'avantage aux Allemands (22-21). « Ce but à quatorze secondes de la fin aurait dû être le dernier. J'ai vraiment eu l'impression d'avoir gagné », commentera Brand à la fin du match. C'est le moment que choisit Jackson Richardson, jusqu'ici discret (1 but) pour faire honneur à son statut d'idole. La remise en jeu est rapide. Il reste 10 secondes. Faute sur le Réunionnais, qui joue vite. Bertrand Gille a le reflexe de sortir de la zone des 9 mètres, comme la règle l'exige. Il reçoit la balle, la rend derechef à son capitaine. D'un souffle, Jackson Richardson décoche un tir à la hanche venu de nulle part. Dans les cages, Fritz n'a même pas le temps d'esquisser un geste. 22-22, les Bleus ont droit aux prolongations. La Mannschaft ne se relèvera pas de ce coup de génie. Cazal puis Golic assènent le coup de grâce. Dix minutes plus tard, les Français s'offrent un billet pour Bercy en s'imposant 26-23.

En conférence de presse, Daniel Costantini répond aux questions des journalistes. L'un d'entre eux lui demande comment il définirait son groupe après ce match âpre. Le sélectionneur réfléchit. En fait, il cherche un nom qui rime avec « Barjots ». Au bout de quelques secondes, il répond : « Je trouve qu'on est costauds. » Le nouveau surnom des Bleus vient de naître.

L'adversaire des demi-finales est un novice à ce niveau de la compétition. L'Égypte d'El Attar a renversé la Russie, championne olympique un an plus tôt. Trois fois championne d'Afrique, elle n'est pas là par hasard. Depuis dix ans, le niveau mondial du handball s'est uniformisé. L'équipe de France va l'apprendre à ses dépens. Tétanisée par l'enjeu dans un Palais omnisports parisien à guichets fermés, la bande à Costantini est largement dominée durant toute la première mi-temps. Les Égyptiens l'ont entamée tambour battant. À la pause, les Bleus sont satisfaits de s'en tirer à bon compte (8-10).

Inexistant jusque-là, l'arrière gauche Jérôme Fernandez parvient à sortir la tête de l'eau (6 buts), bien aidé par Greg Anquetil (7 buts). Les Français inversent la tendance en deuxième mi-temps pour décrocher leur troisième finale mondiale en huit ans. Au coup de sifflet final, c'est l'explosion de joie. Grégory Anquetil aperçoit dans les tribunes Guéric Kervadec, retiré des affaires internationales depuis le clash australien. Le Montpelliérain vient le saluer. Le « Menhir » ne reste pas de marbre. « Ça m'a touché reconnaît-il. D'ailleurs, j'ai gardé la photo de ce moment. » Le contrat de Daniel Costantini est déjà rempli. Il a guidé les siens vers la finale. Désormais, advienne que pourra.

En ce dimanche 4 février 2001, dans un Palais omnisports de Paris-Bercy copieusement garni et chaud bouillant, la tension est maximale. « Il y avait de l'électricité dans l'air », se rappelle Marc Wiltberger, qui y assiste comme simple spectateur. Encore marqué par l'affaire des JO, il explique qu'il a alors « préféré partir. J'avais l'impression que j'allais leur porter malheur. Je suis retourné à mon hôtel suivre le match à la télé. » Douze millions de téléspectateurs vont regarder le match. Lors des hymnes, Daniel Costantini a les larmes aux yeux : le coach, si distant avec ses joueurs, sait que c'est quoi qu'il arrive son dernier match international. Les Bleus, malgré l'avantage de jouer à domicile, ne sont pas favoris. Les Suédois possèdent le plus beau palmarès des dix dernières années : double champion du monde, triple champion d'Europe et trois fois vice-champion olympique. Qu'importe. Pour la première fois depuis le début de la compétition, ils vont enfiler le maillot d'outsider. Il s'agit aussi d'une opposition de style : la rigueur et l'académisme des hommes de Bengt Johansson contre la folie et l'inventivité de ceux de Daniel Costantini. Le Nord contre le Sud. Si l'on voulait politiser l'affaire, on pourrait même dire que c'est un affrontement entre conservateurs et progressistes.

Dès les premières secondes, Jérôme Fernandez apparaît comme un homme nouveau. En dix minutes, il bat à quatre reprises les défenses du gardien Gentzel, réputé le meilleur du monde. « Et un, et deux, et trois zéro », scande déjà la salle, preuve que le public présent dépasse largement le cercle des initiés du handball. La France prend les commandes (7-3). Mais les Scandinaves ne sont pas les tenants du titre pour rien. Ils ont dans leurs rangs, excusez du peu, le Joueur du siècle (selon la Fédération internationale), Magnus Wislander. Les Bleus tentent de rester concentrés, les visages sont fermés. Cela n'empêche pas leurs adversaires de revenir à un but à la pause (11-10). Et voilà le demi-centre Stefan Lövgren, 31 ans, qui entraîne les siens vers un avantage de +3 en début de deuxième mi-temps (17-14). Dinart, chef de la défense, Martini et le jeune Omeyer, derniers remparts, ne doivent plus rien laisser passer derrière sous peine de voir les peu riants Suédois récupérer ce qu'ils considèrent comme leur dû. Patrick Cazal, déjà sacré en 1995, commence à retrouver des sensations dans son bras gauche. Mais sur un appui, sa cheville droite flanche. Les 14 000 spectateurs du POPB sont inquiets. Daniel Costantini fait alors appel à un autre Réunionnais, Daniel Narcisse. « J'avais un rôle de remplaçant depuis le début du Mondial. Paradoxalement, c'est lors de la finale que j'ai le plus joué... » À 21 ans, il débarque comme une fleur dans cette finale, impétueux : « Je fais 2 sur 6 au tir. Avec le recul, ce ne sont pas des statistiques extraordinaires mais je marque quand même l'avant-dernier but du temps réglementaire. » Il reste alors vingt secondes à jouer.

Stefan Lövgren, encore lui, vient de donner l'avantage à son équipe (22-21). Le chronomètre tourne. Bruno Martini se dépêche de récupérer la balle. Il renvoie immédiatement sur Bertrand Gille, qui joue la remise en jeu avec Daniel Narcisse, à droite du terrain. Le Réunionnais transmet instantanément à Grégory Anquetil, son ailier. Le Montpelliérain se trouve à environ 16 mètres des cages. Bizarrement, alors qu'il reste seulement quelques secondes à jouer, Bengt Johansson continue de faire sortir ses joueurs « d'attaque » et rentrer ceux de « défense ». Greg Anquetil lève la tête. Il sent un flottement dans les rangs jaunes. Il accélère le long de la ligne de touche. Un dribble, puis deux. Son vis-à-vis hésite. Il est trop tard : le Montpelliérain a déjà filé et pris ses trois appuis pour se présenter seul face à Gentzel. Le portier est mystifié. 22-22. Comme contre l'Allemagne, la France a droit à des prolongations après une inspiration venue d'ailleurs. « Il ne passe pas une semaine sans que l'on me reparle de ce but », explique aujourd'hui Greg Anquetil.

Dans l'enfer de Bercy, les Suédois voient alors revenir Patrick Cazal du diable vauvert. La cheville en vrac depuis la fin de la seconde période, il a passé quelques minutes sur le long de la ligne de touche à tenter de se soigner, un peu affolé. Costantini vient le voir et le convainc de retourner sur le terrain. Bien lui en prend : le Réunionnais claque en prolongation trois de ses sept réalisations de la partie. 25-25 au bout de 5 minutes. Cazal marque, puis Bertrand Gille… Il reste 40 secondes à jouer : penalty pour la Suède. Martini impressionne dans les cages, détourne la trajectoire, qui fuit le cadre. C'est fini. 28-25, la France conquiert pour la deuxième fois en six ans la couronne mondiale. Tombé de son piédestal, Wislander prouve qu'il était bien le joueur du siècle… passé. « C'était comme dans un conte de fée, raconte Bertrand Gille, élu meilleur pivot du Mondial. Je suis non-croyant, mais ce jour-là, je pense qu'il y a eu une intervention divine tellement ce qui s'est passé paraissait surréaliste. » De quoi apporter de l'eau au moulin de l'arrière Joël Abati, lui si pieux qu'on l'appelle le « Révérend ». Sur le bord du terrain, Daniel Costantini est ému. Il étreint ses proches. Les Costauds rendent alors un hommage en forme de réconciliation à « Aldo », son surnom. Tous arborent un tee-shirt sur lequel est écrit dans leur dos : « On t'aime Aldo ».

Jérôme Fernandez, avec huit buts, a de son côté montré qu'il était un joueur de classe mondiale. Dans l'interview de 2003 à Canal Insep, Daniel Costantini reconnaissait que les changements de management avaient été profitables : « Ça a débouché sur quelque chose d'assez… jubilatoire, de voir qu'un mec (Jérôme Fernandez) qui m'a claqué entre les doigts plusieurs fois les années précédentes nous mette 8 buts contre la Suède, la tête dans les nuages pendant une heure dix... » Parmi les Français ivres de bonheur ce soir-là, l'un d'eux a des sentiments contradictoires. C'est Grégory Anquetil, le héros du jour. « À ce moment-là, j'ai vécu le plus bel instant de ma vie de sportif dans la période la plus noire de mon existence d'homme, confie-t-il. Juste avant la préparation au Mondial, ma femme m'a quitté pour un autre. Je me suis retrouvé seul avec mon fils de deux ans, c'était compliqué. Cette finale, je ne pouvais pas la perdre. Remporter ce titre, c'était justifier tout ce que j'avais investi dans le handball jusque-là. J'étais plus devenu un handballeur qu'un mari. Ce titre m'a aidé à sortir la tête de l'eau. »

L'entraîneur marseillais est lui entré au Panthéon grâce à une ultime astuce. Face à la caméra de l'Insep, il se demande encore comment il a réussi à oser changer son mode de fonctionnement. « La question que je me pose est angoissante : est-ce que j'ai eu le culot d'avoir cette attitude parce que c'était terminé, que c'était mon dernier tour de piste, puisque je l'avais annoncé avant ? Où est-ce que si je m'étais projeté dans l'avenir comme je l'ai toujours fait, j'aurais continué à tenir toutes les poignées, histoire de dire qu'il n'y en a aucune qui m'échappe ? » Peu importe, finalement. Une nouvelle génération est née, définitivement affranchie de l'ombre pesante des Barjots. Elle a pris le nom de « Costauds ». Costantini tire sa révérence après seize ans de bons et loyaux services, quatre médailles aux championnats du monde dont deux titres, ainsi qu'une médaille de bronze au Jeux Olympiques.

Costantini-Onesta, l'accent sur la différence

Au soir de la finale du championnat du monde 2001, Bercy est donc euphorique. Daniel Costantini, l'entraîneur aux deux titres mondiaux, lucide, sait qu'il vit ce type de moments pour la dernière fois de sa vie. Mais il ne peut s'empêcher d'évoquer l'avenir : « Je suis très impatient de les voir évoluer sans moi, de voir comment ils vont amorcer le virage, voir comment ils vont s'en sortir sans moi. Non pas que j'attends qu'ils se plantent, ce n'est absolument pas cela, mais juste voir quelles sont les autres stratégies qu'ils emploieront pour se maintenir et confirmer leur niveau. » S'il avait voulu mettre la pression sur son successeur, il ne s'y serait pas pris autrement ! L'entraîneur national en rajoute une couche en claironnant que la France sera l'équipe des Jeux olympiques d'Athènes, en 2004. Une prédiction que l'on devine hasardeuse tant son expérience lui a montré que la vérité d'une compétition est rarement celle de la suivante. Qu'importe : lui, le fils de commerçants marseillais, aura laissé une empreinte indélébile sur ce sport. Ainsi, interviewés à l'issue du match contre la Suède, le président de la République, Jacques Chirac, et le premier Ministre, Lionel Jospin, ne retiennent que son nom (qu'ils prononcent tous deux « Constantini ») pour saluer le titre de champion du monde des seize Bleus.

Pour lui succéder, deux pistes se dégagent. À commencer par Philippe Gardent, qui a raccroché les baskets en 1996 un peu prématurément, après la faillite d'OM-Vitrolles. Le poste de pivot est usant pour les articulations. Mais l'ancien capitaine des

Barjots a su immédiatement rebondir en prenant sous ses ordres l'ambitieux club de Chambéry. À tel point qu'en cinq ans, « Boule » est très vite parvenu à contester la suprématie montpelliéraine jusqu'à remporter le titre en 2001. Un exploit, tant le club de l'Hérault s'est affirmé sur la scène nationale à la fin des années 1990, remportant 4 titres de champion entre 1995 et 2000. Dirigé par Patrice Canayer, dont le nom a également été évoqué pour la sélection, il fournit le plus gros contingent de l'équipe de France : Thierry Omeyer, Bruno Martini, Jérôme Fernandez, Didier Dinart, Grégory Anquetil, Laurent Puigségur ou encore Andrej Golic.

Un autre nom, celui de l'Ariégeois Claude Onesta, émerge également parmi les prétendants. Âgé de 44 ans, le coach dirige le Spacer's handball de Toulouse depuis 14 ans. Mais à son palmarès, il ne compte qu'une seule Coupe de France, en 1998. La Fédération française étudie les dossiers, consulte, réfléchit pendant un mois. « Il a même été envisagé un temps une direction à deux têtes, rapporte Claude Onesta. J'avais connu ce type de partage des responsabilités à Toulouse et je n'étais pas foncièrement contre. » Une option qui n'enchante pas Gardent et qui fera long feu. Un temps, le coach savoyard semble favori. « J'étais en pôle position, croit-il savoir. Mais la tendance s'est subitement inversée. Il y a eu des critères que je ne maîtrisais pas... » Onesta a pour lui d'être un fin connaisseur des rouages fédéraux. Également conseiller technique régional en Midi-Pyrénées, Onesta possède aussi des valeurs pédagogiques qui rassurent la fédération. Gardent, qualifié parfois de « grande gueule », n'en garde pas une amertume particulière : « J'étais un jeune entraîneur en 2001. Étais-je suffisamment armé pour assumer ce rôle ? Je ne sais pas. » Peut-être son passé d'ancien Barjot lui a-t-il joué des tours... « Je suis fataliste, je me dis que cela ne devait pas se faire. » Le 12 mars 2001, le coach du Spacer's handball de Toulouse est donc intronisé à la tête de l'équipe de France. Une cérémonie officielle de passation de pouvoir est organisée au siège de la Fédération. À Onesta de succéder à Costantini, le plus beau palmarès du hand français. Il sait qu'il est encore plus difficile de durer que de gagner. « Je reçois en lourd héritage une équipe championne du monde. C'est quand même mieux que d'entraîner des boiteux », lance-t-il ironiquement ce jour-là.

Entre le Marseillais et l'Ariégeois, les relations ne

sont pas particulièrement chaleureuses. Tandis que Costantini se demande qui sera capable de présenter un bilan aussi brillant que le sien, Onesta se garde bien d'aller chercher le moindre conseil chez son prédécesseur. Mélange de fierté et de volonté d'autonomie. Pendant quelques mois, Costantini conserve des fonctions au sein de la direction technique nationale. « Mais Claude n'est jamais entré une seule fois dans le bureau de Daniel », confirme Philippe Soubranne, directeur de la communication et des médias à la FFHB de 2001 à 2008. « Je confirme, admet André Amiel, président de la Fédération à l'époque. Daniel a tellement marqué son époque… Claude a voulu démontrer tout de suite qu'il était un grand garçon, c'est normal. » D'autant que s'ils partagent un accent méridional marqué, leurs caractères et leur manière de voir la gestion d'un groupe divergent totalement. « L'un comme l'autre possèdent de sacrés *ego* », poursuit André Amiel. Certes, les deux hommes se respectent. Mais toute tentative de rapprochement semble vouée à l'échec. Costantini est aussi solitaire qu'Onesta est altruiste. « Aldo » est aussi autoritaire que son successeur se révèle ouvert à la discussion. « Je n'ai jamais réellement senti chez Daniel une volonté de collaborer, révèle aujourd'hui Claude

Onesta. Il m'a fait comprendre que chaque aventure était personnelle et que je devais construire la mienne. Quand on vient chercher du soutien et que l'on s'entend dire : "Démerde-toi", on finit par se démerder… »

Très vite, Onesta prend conscience qu'il n'aura pas seulement à gérer le groupe France, mais aussi à assumer la comparaison avec son illustre prédécesseur : « Avec Daniel, avancer était un peu s'engager dans un 3000 mètres steeple. » Costantini demeure une référence et son jugement, ses commentaires, sont accueillis comme parole d'évangile. Consultant pour des chaînes de télévision et de radio, qui apprécient son sens de l'à-propos, il ne se gêne pas pour dire ce qu'il pense des nouvelles orientations de l'équipe de France. « Il suffisait que l'on respire et il y avait toujours quelqu'un pour demander l'avis de Daniel, se souvient Onesta. C'était parfois difficile à supporter. Pour nous, sans doute pour lui aussi. Il fallait qu'on démontre que les bons résultats des Bleus, c'était la réussite du handball français et pas celle d'un seul homme. » « Le handball français doit tout à Daniel Costantini, atteste Philippe Soubranne. Mais il ne pouvait concevoir que l'équipe de France marche sans lui. » Les deux hommes resteront donc sur leurs positions. Bien campés sur leurs appuis. Claude Onesta, homme de dialogue, en garde donc une sorte de bleu à l'âme : « Je regrette que l'on n'ait pas réussi à s'associer. Mais peu y sont parvenus avec Daniel. »

Onesta traîne une réputation de « gueulard » sur le banc toulousain. Piètre communicant, peu habitué à la médiatisation, il va devoir changer ses habitudes et évoluer vers une image plus policée. « L'approche était radicalement différente, explique Bertrand Gille. Dès son premier discours, il nous a parlé d'équipe, de groupe, d'unité. Il nous a dit qu'il nous protégerait si tout le monde tirait dans le même sens. » Alors que Costantini mettait un point d'honneur à se tenir en dehors du groupe, Onesta se place immédiatement au cœur du collectif. « Ils ont un mode de management différent. Claude Onesta est un chef de bande proche de ses joueurs. Daniel Costantini a toujours pris ses distances avec son groupe », se souvient le président de l'époque André Amiel. « Bien sûr, il est arrivé avec ses idées, sa conception du handball. Mais son discours a toujours été participatif », poursuit le pivot de Loriol.

Aussi, Jérôme Fernandez, les frères Gille, Didier Dinart ou encore Thierry Omeyer s'investissent totalement dans le projet de jeu des Bleus. « J'admets qu'il y avait une certaine prétention à dire que le modèle qui avait permis à la France de réussir appartenait au passé. C'est pourtant le discours que j'ai tenu aux joueurs à mon arrivée, confesse aujourd'hui Onesta. J'avais la conviction qu'en dépit du titre de 2001, la France ne pratiquait pas le meilleur handball du monde et que notre jeu ne nous permettrait pas de rester bien longtemps au sommet de la hiérarchie mondiale. » Le pari est risqué. Chez les joueurs, on est circonspect sur ces relations distantes entre les deux hommes. « L'héritage n'était pas facile à porter, commente Guillaume Gille. Même si Daniel s'était autoproclamé "mort" après Sydney, il s'est offert une belle porte de sortie avec le titre de champion du monde en France. » Au quotidien, ils remarquent que la méthode n'est plus la même. Quand, après les entraînements, le Marseillais s'enfermait dans sa chambre pour fumer un cigare, le natif d'Albi poursuit des échanges avec Sylvain Nouet, son adjoint en charge des entraînements, ou quelques cadres de l'équipe. « Durant tout le temps où j'ai été capitaine, je n'ai jamais eu de rapports avec Daniel Costantini », rapporte Philippe Gardent. Un dirigeant fédéral proche de l'équipe de France le concède : « Claude sait déléguer et fait confiance aux gens. Aux côtés de Daniel, par contre, on n'existait pas... » Ainsi, Sylvain Nouet participe pleinement au projet porté par Claude Onesta. Jean-Pierre Lepointe, en son temps, n'était que le faire-valoir de Costantini.

L'apprentissage d'Onesta

Quels que soient ses principes, sa philosophie, le nouveau sélectionneur est jugé sur ses résultats bien plus que des discours et des grandes tirades. Et ils ne sont guère à son avantage. Jackson Richardson, 32 ans, qui s'interrogeait sur la suite de sa carrière internationale, a décidé de poursuivre l'aventure. Pour la première compétition officielle d'Onesta, l'Euro 2002 en Suède, les Champions du monde en titre s'en tirent avec un bilan tout juste passable (6e). Ils gagnent contre la Yougoslavie, la Croatie et la Slovénie, n'enregistrent qu'une seule défaite face à l'Espagne. Mais ce sont les deux matches nuls contre l'Allemagne et l'Islande qui laisseront le plus de regrets. Ces Bleus-là sont encore un peu tendres lorsqu'ils n'évoluent pas dans des conditions optimales, lorsqu'un public les soutient, qu'ils ont toutes leurs forces disponibles. L'adage énoncé par Daniel Costantini se vérifie. Les Costauds ont des failles. Mais aussi des arguments, comme Bertrand Gille. Le natif de Loriol a grandi, il est passé de Chambéry à Hambourg, en Allemagne. Le pivot récolte le titre de joueur mondial de l'année, troisième distinction de ce type après Richardson (1995) et Stoecklin (1997).

En 2003, l'escouade part défendre son titre mondial au Portugal, à Madère, Espinho puis Lisbonne. Les coéquipiers du capitaine Jackson Richardson, forts des bonnes performances enregistrées lors des derniers matches amicaux, entretiennent bon espoir de réitérer l'exploit de Bercy. Le tout jeune arrière de Montpellier Nikola Karabatic découvre l'atmosphère d'un tournoi mondial. Mais le niveau de la compétition est relevé. Au premier tour, l'Arabie saoudite, l'Argentine et la Hongrie sont largement à leur portée, tout comme la Russie, champions olympiques vieillissants. Mais la Croatie, avec dans ses rangs un certain Ivano Balic, qui sera désigné meilleur joueur du monde à la fin de l'année, se dresse sur leur chemin. Du reste, c'est la seule nation contre laquelle chutera la France dans le groupe C, de justesse (22-23). Lorsqu'ils entament la deuxième phase de poules, puisque la Fédération internationale a décidé de changer la formule du tournoi, les Bleus ont fait le plein d'une confiance relative. La Slovénie (31-22) puis la Suède, championne d'Europe l'année précédente, sont écartées (30-24). Le mythique Wislander, toujours là, reçoit une correction et se sent poussé vers la retraite. Les Allemands, que les frères Gille connaissent bien pour évoluer en club en Bundesliga, seront les adversaires en demi-finale. Hens, arrière, et Schwarzer, pivot, font mal d'entrée. Très vite, la National Mannschaft prend l'avantage, jusqu'à mener de quatre buts. À la mi-temps, les Tricolores ont pourtant refait une partie de leur retard. Sous l'impulsion de leurs deux arrières réunionnais Patrick Cazal et Daniel Narcisse (six buts chacun), ils prennent même un avantage de 4 points à l'orée du dernier quart d'heure. Mais une exclusion sévère de Richardson et voilà que les Français craquent. Dans les cages, Henning Fritz dégoute Bertrand Gille, qui ne transforme qu'un seul de ses sept tirs cadrés. L'Allemagne décroche son billet pour la finale (23-22). Les hommes d'Onesta n'ont pas su relever le défi physique et tactique. Le lendemain, contre l'Espagne (27-22), ils lui ramèneront tout de même une médaille de bronze. Les premières critiques ne tardent pas à revenir aux oreilles de Claude Onesta. Fort heureusement, il conserve la confiance de ses joueurs : « Il ne s'est pas passé un jour sans que l'on me fasse sentir que je n'étais finalement pas l'homme de la situation. Mais durant toutes ces années, il n'y a jamais eu de rupture avec le groupe. J'ai toujours entretenu une relation sincère, presque complice avec les joueurs. » Pendant cinq ans, Onesta ne ramènera aucun titre. « On oublie un peu vite qu'entre 1995 et 2001, l'équipe de France n'a rien remporté non plus. On n'était pas les champions de la constance, c'est vrai. Mais ce qu'on acceptait avec Daniel, on l'accordait moins facilement à un nouveau venu », analyse Onesta.

Une intransigeance d'autant plus forte que la même année, Montpellier remporte la Ligue des champions. Une première pour un club français. L'exploit est retentissant, surtout qu'il s'est opéré au prix d'un formidable retournement de situation. Au match aller de la finale, le 26 avril 2003, Nikola Karabatic, à peine 19 ans, marque 11 fois. Mais les hommes de Patrice Canayer encaissent un sévère 27-19 à Pampelune où évolue Jackson Richardson. 8 buts, l'écart semble trop important pour être rattrapé. Et pourtant ! Huit jours plus tard, dans l'Hérault, Anquetil, Omeyer, Guigou (10 buts), Dinart et compagnie corrigent les Espagnols 31-19 et remportent le titre. Jamais un tel retard n'avait été comblé dans l'histoire des coupes d'Europe. Les joueurs clef du groupe France sont sur le toit du continent. Les fans s'impatientent : qu'attendent-ils pour enfin passer à la vitesse supérieure en sélection ?

Les Jeux olympiques d'Athènes, en 2004, seront la première expérience de gestion de crise de Claude Onesta. Le handball français avait-il trop de pression ? La désignation de Jackson Richardson comme porte-drapeau de la délégation française lors de la cérémonie d'ouverture, était pourtant un hommage du sport hexagonal à ses performances réitérées. Des jeunes prometteurs, Nikola Karabatic, Mickaël Guigou et Daniel Narcisse viennent se forger de l'expérience, aux côtés des Kervadec (32 ans), Richardson (35 ans) et Anquetil (37 ans).

L'équipe nationale remporte ses cinq premiers matches (Brésil, Grèce, Hongrie, Égypte, Allemagne). En quarts, la Russie, plus que vieillissante, semble une simple étape vers le tour suivant. L'ex-URSS compte toujours dans ses rangs deux « Barcelonais », les inusables Alexander Tuchkin et le gardien Andrei Lavrov, 40 ans et 42 ans ! Le scénario d'une jeunesse française qui prendrait le pas sur la déchéance russe semble d'ailleurs prendre forme en première mi-temps. Une partie entamée tambour battant pour mener 7-4, avant que les Bleus ne gâchent tout. Trois ballons perdus et les Russes reviennent à égalité. À la pause, l'avantage est minime (14-13). Et Vladimir Maksimov, l'expérimenté coach russe qui a tout gagné, sait que ses joueurs, avec un peu de patience et surtout leurs tirs de loin, peuvent passer devant. Claude Onesta semble déboussolé. Au milieu de la deuxième mi-temps, il ordonne à ses joueurs de déclencher une défense tout-terrain, c'est-à-dire individuelle, censée permettre aux Français de prendre leurs adversaires de vitesse. Las, même lorsqu'ils récupèrent la balle, le vétéran Lavrov arrête tout. Les Bleus connaîtront même une période de 10 minutes… sans but ! Malgré les six pions du « Révérend » Joël Abati, tout s'effondre une nouvelle fois.

La France est défaite 24-26. Elle pensait avoir un rôle à jouer dans la compétition, elle finit cinquième. « Ce fut une vraie souffrance, un échec », décrit de sa voix éraillée Claude Onesta. La transition entre la gestion d'un club et d'une sélection nationale demande évidemment une période d'adaptation. « Il m'a fallu du temps pour en prendre véritablement la mesure », confesse l'entraîneur. Mais ce que le grand public ne sait pas encore à ce moment-là, c'est qu'avec Karabatic, Guigou, Narcisse, Dinart, Abati, les frères Gille, Jérôme Fernandez et Thierry Omeyer dans les bois, Onesta vient de trouver les ingrédients d'une formule magique qui écrasera tout sur son passage. Reste à les accorder ensemble.

Après Athènes, l'équipe de France connaît six mois d'instabilité totale. Onesta et Richardson ne se parlent plus. L'icône du handball français s'interroge une nouvelle fois sur son avenir avec les Bleus. À tel point qu'en novembre 2004, le président de la Fédération française, André Amiel, le directeur technique national Philippe Bana et Claude Onesta se rendent à Hendaye, à quelques encablures de la frontière espagnole, pour tenter d'apaiser la situation. « Jack » fait le déplacement depuis Pampelune, où il joue depuis quatre ans. « Des choses m'avaient déplu à Athènes[8] », se justifie Jackson Richardson. André Amiel se rappelle très bien de cette rencontre sur la côte basque. « Les relations entre Jackson et Claude s'étaient tendues, confirme-t-il. Le premier reprochait au second de n'être pas suffisamment à l'écoute des joueurs, mais aussi de ne pas l'utiliser à bon escient. De son côté, le sélectionneur n'avait pas apprécié une interview du Réunionnais dans un grand quotidien sportif. Mais il n'était pas concevable pour les amateurs de handball que l'on puisse se passer de Richardson au Mondial en Tunisie. On se devait d'aplanir la situation. » Si le porte-drapeau de la délégation aux JO 2004, 35 ans, est toujours capable de réaliser des prouesses avec son club de Pampelune, il lui est plus difficile d'encaisser la répétition des matches de haut niveau, notamment dans les compétitions internationales. « On s'est retrouvés pris entre une dimension de prestige et une autre de performance sportive, explique encore Onesta. C'était d'autant plus difficile à gérer qu'il restait un bon gars, apprécié de tous. Et peu de gens avaient envie de lui dire que ses performances ne

(8) Dans ses rapports avec Claude Onesta.

faisaient plus de lui un élément indiscutable au sein de l'équipe de France. » Jackson Richardson estime avoir fait un effort : « J'ai su mettre une croix sur ces problèmes. Et si j'étais prêt à repartir pour un mois de préparation intensive en vue du Mondial 2005, c'était bien que je croyais fermement au potentiel de cette équipe. Bien avant qu'elle n'enchaîne sa série de succès à partir de 2006. » Sa proximité avec l'entraîneur précédent, Daniel Costantini, explique peut-être la fraîcheur de ses relations avec son successeur.

La situation est d'autant plus difficile pour Onesta qu'il doit gérer une certaine impatience de la part de la Fédération française. Les résultats ne sont pas à la hauteur des espérances et le temps presse. Aussi, à la veille du championnat du monde 2005, par l'intermédiaire de son directeur technique national Philippe Bana, la FFHB fait passer un message on ne peut plus clair à son entraîneur : s'il ne décroche pas une médaille au bout de l'aventure tunisienne, les fonctions de Claude Onesta prendront immédiatement fin. Une période encore douloureuse pour l'intéressé : « On va vivre quinze jours de calvaire. On se retrouve en difficulté, au bord du précipice et on ne sait pas dans quel sens on va basculer. » Battue dans le tour préliminaire par la Grèce et contrainte au nul avec la Tunisie, l'équipe de France ne présente pas tous les gages de sérénité. Un match nul contre la Slovénie, puis deux succès sur la République tchèque et la Russie (bourreau des Jeux olympiques) redonneront du baume au cœur à un groupe émoussé, sans folie, mais vaillant. Bertrand « Bobo » Gille, qui n'a pas joué ce mondial pour cause de blessure à la cheville, ne se souvient pas que le cas personnel de l'entraîneur national ait pesé. « Les résultats ne sont pas seulement le fruit du travail d'un entraîneur, confie-t-il. Les performances individuelles des joueurs ont une part importante dans le bilan final. Et durant cette période, on n'était tout simplement pas bons. » « Ce fut un des tournois les plus éprouvants que l'on ait faits, se rappelle Daniel Narcisse. Un jour, on était qualifiés, l'autre pas. C'était stressant à vivre, on était fatigués. On a tous souffert. »

Écartés du chemin vers la finale par une Croatie trop forte (35-32), les Bleus ont perdu gros. Ils devront d'ailleurs faire sans Jackson Richardson. À la 33e minute, l'arrière marquait son dernier but en bleu pour égaliser 17-17. Quatre minutes plus tard, le Réunionnais tentait de revenir défendre sur une contre-attaque croate. Comme d'habitude, il ne se livrait pas à moitié. Emporté par son élan, le n°17 tombe, on entendit un bruit sourd. Jackson Richardson venait de se démettre l'épaule. Il ne jouerait plus jamais pour les Bleus. Ses coéquipiers comprennent alors que la tâche sera encore plus ardue. Mais ils savent aussi à quel point le dernier des « Bronzés » tient à ramener une médaille, une de plus, de ce Championnat du monde tunisien. Ils tiennent le sort de leur entraîneur entre leurs mains noircies par la résine, celle qu'ils utilisent pour mieux saisir la balle. L'entente n'est pas forcément au beau fixe. Hors micros, des voix internes critiquent les mises en place tactiques d'Onesta. Le match pour la troisième place, le 6 février, est l'occasion pour la Tunisie, de concrétiser son excellent Mondial par une médaille, devant son public. « Ce n'était pas un cadeau, se rappelle Narcisse. Les Tunisiens tenaient à cette médaille et l'ambiance dans la salle était torride. » La veille, lors d'une conférence de presse, Claude Onesta se voit poser une question pour le moins déroutante : « Quel métier allez-vous exercer après-demain ? » Le décor est planté. Dans la moiteur de Radès, l'enjeu de la rencontre fait vite oublier le sort de l'entraîneur. « On n'a pas pensé à ça, jure encore Narcisse. Face à une équipe tunisienne bien organisée, on a d'abord cherché à s'en sortir. À chercher des solutions. » Les Bleus savent qu'ils vont devoir faire face à l'enthousiasme de douze joueurs affamés de médaille et à la ferveur de tout un peuple. Leurs adversaires sont combatifs et déterminés ? La petite histoire rencontre alors la grande. À la 33e minute, Jackson Richardson marque son dernier but en bleu pour égaliser 17-17. Quatre minutes plus tard, le Réunionnais tente de revenir défendre sur une contre-attaque tunisienne. Comme d'habitude, il ne se livre pas à moitié. Emporté par son élan, le n°17 tombe, on entend un bruit sourd. Jackson Richardson vient de se démettre l'épaule. Il ne jouera plus jamais pour les Bleus. Ses coéquipiers comprennent alors que la tâche sera encore plus ardue. Mais ils savent aussi à quel point le dernier des « Bronzés » tient à ramener une médaille, une de plus, de ce championnat du monde tunisien. Leurs adversaires sont combatifs et déterminés ? Les Français encaissent les coups, savent les rendre. Pas les Tunisiens : l'agressivité d'Issam Tej, qui joue à Selestat et Wissem Hmam, l'arrière montpelliérain, est sanctionnée d'un carton rouge dans les dernières minutes du match. La France sort finalement vainqueur de ce bras de fer (26-25) avec le bronze autour du cou. Onesta peut souffler. Et pas seulement sur les 48 bougies qui l'attendent en ce 6 février. « Là, j'ai compris que ce groupe avait un avenir. Car s'il l'avait voulu, en trois minutes, il pouvait faire tomber le projet. » Onesta n'a pas été lâché par ses joueurs, il ne les abandonnera jamais. Les trois derniers Barjots, Grégory Anquetil, Guéric Kervadec, sorti de sa retraite pour une pige, et Jackson Richardson, le bras en écharpe, sont portés en triomphe par leurs partenaires. Ils quittent la scène internationale la tête haute, Claude Onesta sauve la sienne.

Avec le recul, on se dit que limoger le natif d'Albi (Tarn) aurait été une erreur. Qu'un an plus tard, les doutes sont levés. Car l'Euro 2006 marque l'avènement de l'entraîneur le plus titré du sport collectif français.

L'Euro nouveau

En 2006, pour la première fois depuis qu'il a été créé, le championnat d'Europe devient un objectif réel pour la France. Autre fait inédit, cette fois depuis 1990, Jackson Richardson n'est plus là. Dernier rescapé d'une époque dorée, l'homme aux 417 sélections et 787 buts n'incarnera plus le handball à la française, fait autant de talent que de travail, de fantaisie que de rigueur. « J'ai eu la chance de côtoyer trois générations », explique-t-il. En Suisse, Richardson aurait pu être couronné roi d'Europe. La France le sera sans lui. Et ce n'est peut-être pas tout à fait un hasard... Après le sacre mondial de 2001, « Jack » demeure un joueur d'exception : la seule vraie star du handball français, reconnue au-delà du cercle des amateurs. Mais sa présence en équipe de France était devenue pesante. Quelques joueurs, les plus jeunes, se sentaient sans doute inhibés aux côtés de celui qui, il n'y a pas si longtemps, s'affichait en poster géant dans leur chambre. Malgré toutes ses qualités, Claude Onesta souhaitait, lui, s'affranchir d'un monument finalement lourd à diriger. « Cela n'a pas été facile pour lui de gérer l'icône, confirme Guillaume Gille. Sur le terrain, il n'a jamais réellement su comment l'utiliser. » Pour l'arrière gauche Jérôme Fernandez, « le statut de Jackson pesait beaucoup sur l'équipe. Son départ a obligé certains joueurs à prendre leurs responsabilités. » Elle a permis à d'autres de s'émanciper, de se libérer de la caution morale et sportive d'un joueur éminemment respecté. Jackson Richardson, quand on lui en parle, est plus sévère : « Ma retraite internationale a servi de prétexte à beaucoup de monde à un moment donné. À part Nikola Karabatic et Michaël Guigou, tous les autres étaient des joueurs confirmés. Et concernant les deux jeunes, j'ai œuvré pour qu'ils s'expriment comme cela s'était passé pour moi en 1995 quand les plus anciens m'ont dit qu'ils aimeraient que je donne de temps en temps mon avis. » Le départ du Réunionnais a quand même libéré le groupe. L'entraîneur Claude Onesta le premier. Didier Dinart en profite pour imposer un nouveau système de défense, celui qu'il pratique au quotidien à Ciudal Real, club espagnol où il brille depuis 2003. Il devient la tour de contrôle et le donneur d'ordre autour de la zone des 6 m. Le colosse de Pointe-à-Pitre prend alors une toute nouvelle dimension, en même temps qu'il hantera les nuits des meilleurs attaquants du monde.

Le début de compétition helvète à Bâle, tout près de la frontière avec la France, est mitigé. La

Slovaquie est laminée (35-21), mais les Bleus flanchent face à l'Espagne (29-26) emmenée par Iker Romero, championne du monde en titre. Le premier tournant se joue face à l'Allemagne. Une défaite signifierait un nouvel échec pour Onesta, qui a mis une nouvelle fois son sort dans la balance. La Mannschaft est pourtant terrassée 27-25, avec six buts chacun pour Jérôme Fernandez et Michaël Guigou. Comme souvent, cette équipe réagit lorsqu'elle se retrouve dos au mur. Au tour principal, elle est métamorphosée : si la Slovénie s'en tire « seulement » avec un déficit de quatre buts (34-30), la Pologne et l'Ukraine s'inclinent de 10 unités (31-21 et 30-20) face à des Français qui dégagent une force inébranlable. Le 4 février, la Croatie, pourtant championne olympique, est balayée 29-23 en demi-finale. En première mi-temps, avec 58 % d'arrêts, Thierry Omeyer a écœuré le terrible Balic, transparent, et ses coéquipiers. Michaël Guigou, lui, s'est occupé des portiers adverses avec 10 buts, dont 6 jets de 7 mètres(9). Les portes de la finale sont grandes ouvertes, et c'est la première pour Claude Onesta, cinq ans après sa prise de fonctions.

Dans le Hallenstadion de Zurich, la France

(9) Les pénalités du handball.

retrouve l'Espagne, favorite, qui lui a fait mal au premier tour. La sélection ibérique est confiante. Peut-être trop. Ils exagèrent, à l'image de ce kung-fu de Rocas à la 5e minute pour mener 4-1. Mais après 13 minutes, le gardien Barrufet, déjà auteur de cinq arrêts, se blesse. Plus rien n'arrêtera les Bleus. Au bout de 30 minutes, ils sont devant, 17-13. Joël Abati décoche ensuite 6 missiles qui font mouche. À l'aile, le jeune et bondissant Luc Abalo rate son match, avec une seule réalisation. Heureusement, la défense devient muraille : pendant 15 minutes, de la 40e à la 55e, les joueurs ibériques ne marquent aucun but ! Nikola Karabatic, impérial, porte sur ses épaules sa sélection en attaque. C'est lui qui creuse l'avantage de son équipe, avec 11 réalisations (sur 14 tentatives). Score final : 31-23, obtenu avec une facilité déconcertante. « C'est la plus grande équipe de France de l'histoire », n'hésitera pas à dire Philippe Gardent. Dans les faits, la victoire ne souffre aucune discussion. Les cadres de l'équipe (Dinart, les frères Gille, Abati, Fernandez...) ont tenu leur rang tandis que de jeunes impétueux, tels Karabatic, Guigou et autre Abalo ont démontré qu'ils avaient les outils en main pour apporter leur pierre à l'édifice tricolore. Thierry Omeyer, qui évoluera bientôt à Kiel, s'affirme comme le meilleur gardien du monde. Ils peuvent brandir le plateau en or remis au vainqueur. Le capitaine, Olivier Girault, ressort carrément un béret, du même genre que ceux portés par ses aînés barjots lors du titre 1995.

« Ce fut la compétition la plus dense que l'on ait eue à disputer », juge le pivot Bertrand Gille, revenu en forme et en force après avoir raté le Mondial 2005. Nous avons réalisé une démonstration de force. » Une démonstration à laquelle seuls les abonnés ayant accès à une chaîne cryptée ont pu assister, ce qui déclenche la polémique, la télévision du service public arguant d'une sombre histoire de droits trop onéreux pour ne pas retransmettre en direct la finale. Claude Onesta, lui, remporte son premier titre. Pas le plus prestigieux, mais sans doute le plus difficile. En tout cas, une expérience fondatrice pour cette génération sevrée de titres. Les Costauds sont de retour, et ils ont pris conscience qu'ils pouvaient, avec leurs qualités hors du commun, dominer le handball mondial.

L'injustice du Mondial allemand

Les plus belles histoires poussent souvent dans

le terreau de la souffrance. Celle que va vivre l'équipe de France lors du championnat 2007 en Allemagne, restera à jamais gravée dans les mémoires. Champions d'Europe en titre, les Bleus ont envie de frapper un grand coup outre-Rhin. Ils font figure de favoris et comptent bien confirmer les espérances entrevues un an plus tôt lors de l'Euro suisse.

Comme elle en a parfois l'habitude, cette équipe alterne le bon et le moins bon en phase de poule : victoires contre l'Ukraine (32-21) et l'Australie (47-10), mais lourde défaite face à l'Islande (24-32). Fort heureusement, elle se reprend au 2e tour, battant successivement la Pologne, la Tunisie et la Slovénie, encaissant toutefois une défaite inquiétante contre l'hôte allemand du tournoi (26-29). Quatrième et dernière qualifiée de son groupe, la France parvient à se hisser en quarts de finale pour y retrouver la Croatie de Balic. Derrière, Thierry Omeyer tient une fois de plus la baraque. Utile pour compenser le manque d'efficacité des « bras », Karabatic, Fernandez et Narcisse. Onesta oblige donc ses gars à resserrer les boulons en défense. Les coups partent. Balic hérite même d'un coup de genou (involontaire) dans la nuque de la part du portier alsacien

(10-9 à la mi-temps). Aucune des deux forces en présence ne parvient à creuser le trou. Luc Abalo, le Michael Jordan du handball, plante huit buts dans des positions parfois rocambolesques. Les Croates craquent face à tant de talent et s'inclinent 21-18.

Le choc face à l'Allemagne, en demi-finale, promet d'être l'un des grands moments de la compétition. Les deux formations ne manquent pas de stars, celles-là même qui ont pris l'habitude de se côtoyer en Bundesliga. Côté français, ils sont quelques-uns à avoir franchi le Rhin en rejoignant le championnat le plus relevé et le plus rémunéré de la planète handball. Les Guillaume et Bertrand Gille (Hambourg), Thierry Omeyer (Kiel), Joël Abati (Magdebourg), Nikola Karabatic (Kiel) ou encore Daniel Narcisse (Gummersbach) connaissent bien la langue de Goethe. L'Arena de Cologne est remplie à ras-bord, 19 000 spectateurs dans une ambiance surchauffée. Mais ce 1er février, les – sinistres – vedettes seront les arbitres suédois MM. Hakansson et Nilsson.

Le premier but est pour Bertrand Gille, en pivot. Les Allemands rendent coup pour coup. La première mi-temps est équilibrée, pour se terminer à

12-11 pour les Français. La deuxième période est identique : dense, tendue, accrochée, serrée. Narcisse (8 buts) et Abati (7 buts) font le boulot, mais les hommes du moustachu Heiner Brand s'agrippent à leur rêve de titre à la maison. Pas moyen de mettre plus de deux buts d'écart. Malgré les contorsions d'Abalo, l'Allemagne finit par égaliser 21-21 d'extrême-justesse. On jouera donc les prolongations, deux fois 5 minutes. La partie de cache-cache continue. Fernandez frappe, un des blancs réplique. 27-27 au bout des dix minutes. Une seconde prolongation prend le relais. Même schéma, jusqu'à 32-31 pour l'Allemagne. Il reste une minute à jouer dans cette deuxième prolongation et la tension est à son comble dans la Köln Arena. Les Allemands ont la balle. Les Bleus ont abandonné leurs 6 mètres et optent pour une défense tout terrain. Sur le côté gauche, dans sa moitié de terrain, l'arrière allemand ne sait plus quoi faire d'une sphère qui semble lui brûler les mains. Le Montpelliérain Michaël Guigou, pourtant affaibli par une douleur à la cheville, est à l'affût, il récupère le ballon. Trois appuis plus tard, il tire au but. S'il marque, la France aura droit à une séance de jets de 7 mètres. Les filets tremblent. C'est gagné.

Mais non. L'Aptésien a entendu un coup de sifflet, il comprend tout de suite. Il se relève, part se replacer. Les arbitres viennent de lui refuser le but le plus important de sa carrière sans raison. Dans le même temps, Daniel Narcisse se précipite dans les cages pour récupérer le ballon tandis que ses coéquipiers joignent leurs mains en « T », signe qu'on demande d'arrêter le temps. Aucune réaction des hommes en jaune. Personne ne comprend ce qui a été sifflé. Une faute en faveur des Bleus ? Mais à ce moment de la partie, l'intérêt du jeu était de laisser tirer Michaël Guigou ! Les téléspectateurs, les journalistes, le handball mondial sont hébétés. La France s'incline.

Quelques minutes après le match, le capitaine Olivier Girault est toujours abasourdi lorsqu'il parle à la presse. « Je n'ai pas envie de m'énerver, seulement de rester calme, déclare-t-il au journal *L'Équipe*. Maintenant, sans vouloir passer pour quelqu'un de malhonnête, il y a quand même eu beaucoup trop d'incidents étranges pendant ce match (...). Quand je vois qu'on a refusé ce but complètement valable de Michaël Guigou à quatorze secondes de la fin... Mais tout cela est normal et logique puisque l'Allemagne organise. Bizarrement, à chaque fois que l'on a été devant au score, il s'est passé des trucs très surprenants. Alors, je dis que les joueurs ont été des hommes, des vrais, à qui l'on volait un moment de bonheur, mais qui continuaient de se battre et d'être solidaires. C'est l'image que je veux garder. Le reste a été une mascarade. » Cette injustice, cette désillusion, les Français la garderont ancrée en eux. Le lendemain, face au Danemark pour le match de la troisième place, les hommes d'Onesta ne seront jamais dans le coup (27-34). Ils ruminent toujours l'idée de s'être fait dérober une nouvelle ligne sur leur palmarès. « Ce titre, on nous l'a enlevé, affirme Bertrand Gille. Car si on passait l'Allemagne, ce n'est pas la Pologne (en finale) qui allait être en mesure de nous empêcher d'être champions du monde. » À cause d'une erreur manifeste d'arbitrage, cette défaite restera pourtant dans la mémoire collective, au même titre que le France-RFA de Séville de 1982 en football. Thierry Omeyer, le gardien de but alsacien d'habitude si calme et introverti en dehors des terrains, garde une rancœur tenace : « On nous a volé quelque chose, c'est certain. Aujourd'hui encore, quand on revoit les images, on ne peut s'empêcher d'être scandalisé. Mais, bon, on ne refait pas l'histoire... » À défaut de la réécrire, Claude Onesta ne veut plus la revivre et décide alors que l'équipe de France ne devra plus subir ce genre de décisions hasardeuses. « On est vite passés de la déception à l'analyse, commente le sélectionneur national. On s'est dit : "Mais qu'est-ce qu'on peut faire pour ne plus être soumis à ces éléments extérieurs ?" » Malgré la défaite, Nikola Karabatic, vainqueur en club de la Ligue des champions avec Kiel, sera désigné meilleur joueur de l'année par la Fédération internationale.

Le staff a devant lui un an et demi avant l'échéance olympique de Pékin. Dix-huit mois pour hausser encore un peu le niveau général de l'équipe. Pour cela, Claude Onesta et son adjoint Sylvain Nouet vont profondément changer le mode de fonctionnement du groupe. Perpétuel chantier. « On a modifié le relationnel entre le staff et les joueurs, explique l'Albigeois. On les a véritablement sollicités autour de la construction du projet afin qu'ils prennent part au plan de jeu. Le but était de ne pas les voir fuir devant la difficulté. À partir de ce moment-là, ils allaient apprendre à l'affronter. Nous avons mis encore plus l'accent sur la collaboration pour, à l'avenir, éviter l'échec. » Une sorte de retour à l'expérience tentée par Daniel Costantini lors du mondial français. Michaël Guigou, plus que les autres, participe à cette révolution française. Parce qu'il est lucide : « En 2007, on a beaucoup subi les événements mais on a aussi fauté. Dans un match, il y a des choses que l'on contrôle, d'autres pas. Le but de cette démarche a été d'optimiser toutes les choses que l'on pouvait maîtriser afin de ne plus laisser aux autres le choix de décider pour nous. » Elle ne le sait pas encore mais cette frustration va nourrir l'équipe de France. Cette équipe vient de rentrer dans une nouvelle dimension où personne, à moins d'y être invité, n'aura accès désormais.

LE PORTRAIT DE BERTRAND GILLE, ÉLU MEILLEUR JOUEUR DU MONDE EN 2002

Bertrand Gille, vu par son frère Guillaume :

« Un modèle de handballeur moderne »

« Aussi loin que je me souvienne, j'ai toujours vu notre frère un ballon à la main. Que ce soit dans la salle à manger transformée en terrain de jeu, avec les portes-fenêtres qui faisaient office de cages, ou dans les couloirs de la maison, cherchant des angles impossibles pour y loger le ballon dans les "lucarnes" des encadrements de porte. Les quelques années qui nous séparent dans la fratrie faisaient de nous les meilleurs compagnons de jeu et de bêtises, où tout était centré sur le plaisir de la confrontation et du dépassement de soi...

Si Obélix était tombé dans le chaudron de potion magique quand il était petit, alors Bertrand a été fauché de plein fouet par le virus du handball. Au sens propre, lors d'un match de l'équipe première de Loriol, où Bertrand, âgé de quelques années, souhaitait traverser le terrain et fut renversé par un joueur lors d'une contre-attaque... Au sens figuré, par la passion transmise par nos parents pour ce sport complet qui mettait en exergue les valeurs humanistes défendues par ces derniers : le sport pour le partage, le respect, la solidarité. Je crois que c'est cette volonté exacerbée de repousser sans cesse ses limites qui caractérise depuis toujours mon frère dans sa relation avec son sport.

Une boulimie de duels, de défis qu'il se lançait intérieurement sans se demander où cela pourrait le mener. Bertrand n'a jamais compté ses efforts, ni les sacrifices, ni le travail à accomplir pour continuer à progresser. Cette quête allait se révéler être son carburant et lui a permis d'imposer son talent dans tous les échelons du handball français et mondial. Sa capacité d'engagement physique et mental hors du commun servie par des qualités physiques extraordinaires, créant au passage un modèle du handballeur moderne, c'est la description fidèle de mon frère.

Mais Bertrand c'est aussi quelqu'un de cérébral, une "bête pensante" qui vit, réfléchit sa pratique, se remet en cause en permanence pour tirer la quintessence de ses possibilités. Bert' est un homme d'engagement vis-à-vis de lui-même et des autres, il aime porter des responsabilités dans un projet sportif, de vie de groupe. Leader sportif et référent d'opinion, il est à la recherche de l'aventure humaine et des interactions entre des personnes poursuivant les mêmes desseins. Le handball aura eu l'effet d'un révélateur sur la personnalité de Bertrand et sur son épanouissement personnel.

Tous les joueurs désignés "Meilleur handballeur du monde" présentent des qualités hors normes. Qualités dont Bertrand peut être fier, car il n'existe pas de handballeur plus complet que lui. Je suis heureux et fier de l'avoir comme ambassadeur de notre sport. Mais le handballeur, l'homme médiatique, ne remplacera jamais les liens que j'ai créés avec mon "gros" de frère et tout l'amour que je lui porte. »

CHAPITRE 5

2008-2011 : LES EXPERTS

Empreints d'un sentiment de revanche, les Bleus abordent 2008 pleins d'ambitions. Et en cette année bissextile, ce sont plus les Jeux olympiques de Pékin que l'Euro en Norvège qui mobilisent les énergies.

La revanche de Cédric Burdet, le « chat noir »

Depuis cette demi-finale « gâchée » par les arbitres suédois, les Bleus nourrissent l'envie d'en découdre à nouveau. Mais quand deux compétitions internationales se succèdent à moins de six mois d'intervalle, il faut faire des choix. En 2008, le staff tricolore met, sans vraiment le dire ouvertement, l'accent sur les JO de Pékin. Il s'agit d'assimiler la réorganisation tactique engagée après le mondial allemand. Mais même si la sélection est « en chantier », comme le dit Claude Onesta, pas question pour autant de laisser filer sans se battre la couronne continentale, acquise de haute lutte en Suisse.

Parmi les joueurs français, l'un d'eux a encore plus faim que les autres : Cédric Burdet. Blessé au pied lors du sacre mondial 2001, au doigt pour le titre européen en 2006, l'arrière montpelliérain, 33 ans, n'a plus le temps d'attendre. Tout juste s'est-il contenté des miettes aux Mondiaux 2003 au Portugal et 2005 en Tunisie (médailles de bronze). Il a bien collectionné les titres de champion de France, décroché une Ligue des champions avec Montpellier en 2003, mais le natif de Belley, dans l'Ain, n'a pas encore gagné ses galons internationaux. Besogneux, il a besoin d'être au top physiquement pour donner le meilleur de lui-même. Le garçon est lucide sur ses performances, quitte à exagérer un peu. « En 2001, avec moi, la France n'aurait jamais été championne du monde à Bercy, lâche-t-il avec une sincérité déroutante. Patrick Cazal[10] a été exceptionnel en demi-finale et en finale. Je ne suis pas capable de tels coups de génie. »

Cela n'empêche pas le joueur formé à l'école chambérienne d'avoir un besoin de reconnaissance. Il veut changer son image. « Je voyais bien que l'on me considérait comme le chat noir, regrette-t-il, lui qui a déjà vécu les tristes expériences des JO 2000, 2004 et du mondial allemand. Quand j'étais là, l'équipe ne gagnait pas. Le pire, c'est que j'ai commencé à y croire aussi. » En janvier 2008, il s'envole pour la Norvège. Mais blessé au dos, Cédric Burdet n'apparaît sur aucune des feuilles de match

(10) Avec qui il était en concurrence.

de l'Euro. « Je l'ai mal vécu », se rappelle-t-il. Les premier et deuxième tours se passent sans encombre (victoires contre la Slovaquie, la Suède, l'Islande, puis l'Espagne et l'Allemagne, avant une défaite dans un match sans enjeu face à la Hongrie). Pour affronter la Croatie de l'inévitable Ivano Balic en demi-finale à Lillehammer, l'absence de Burdet va handicaper le groupe : « Sans gaucher, ce n'est pas gagné d'avance. » Karabatic et Fernandez en échec récurrent face aux gardiens Somic et Allilovic, Omeyer pas décisif… les Croates mènent le bal durant la première mi-temps. Seuls Daniel Narcisse et Luc Abalo surnagent pour arriver péniblement à 9-11 à la mi-temps. L'entame de la seconde période est meilleure. Grâce au réveil de Nikola Karabatic et à la régularité de Narcisse, la France vire en tête (16-15) à la 43e minute ; les Français sont de nouveau dépassés par la Croatie, puis reviennent devant, 22-21 à la 54e minute. Hélas, désorganisés, en manque de réussite, les Bleus ne peuvent pas faire plus. Sur une feinte géniale d'Ivano Balic, les rouge et blanc égalisent, puis passent devant (23-24). Il reste quelques secondes. Nikola Karabatic tire. La balle s'écrase sur le poteau et sort. Les Bleus sont éliminés. Pour Cédric Burdet, sur le banc, la médaille de bronze gagnée le lendemain contre l'Allemagne (36-26) a la couleur de l'amertume : « Je n'avais pas la confiance de Claude Onesta. Fallait-il que je poursuive jusqu'aux Jeux ? Et si j'y allais, me ferait-il jouer ? » Les questions se bousculent dans la tête de l'arrière gauche de Montpellier. À Dunkerque, lors de la préparation, il fait tout pour montrer au sélectionneur qu'il mérite de défendre les couleurs bleues en Chine. « Tous les soirs, je téléphonais à ma femme et lui disais : "Il ne peut pas ne pas me prendre." » Il essaie d'en donner des preuves, dans un handball qui évolue. Pour la première fois, les nations qui n'ont pas remporté de compétition les années précédentes doivent disputer un tournoi de qualifications à part pour aller aux JO. Un événement censé donner plus d'attrait à ce sport. Les Bleus organisent donc le leur fin mai, à Paris. La France, donc, mais aussi la Norvège, l'Espagne et la Tunisie vont se disputer deux places pour les JO. Le contretemps se transforme en formalité, avec une victoire 34-24 contre la Tunisie, 28-24 face à l'Espagne, puis 28-23 contre la Norvège. Les Bleus iront en Chine.

Autre innovation, avant le départ pour Pékin : les Costauds sont déjà devenus les Experts. À la demande de la Fédé, Carat sport, une agence de marketing, a imaginé ce nouveau surnom. Un sobriquet qui permet de mieux « vendre » le handball dans les médias grand public. D'où l'idée d'associer les Bleus, qui n'ont pourtant rien gagné depuis deux ans, à la fameuse série américaine où des policiers méticuleux recueillent les moindres indices sur les lieux d'un crime. Et arrêtent toujours les criminels à la fin de l'épisode. Une comparaison qui n'est pas forcément du goût de Nikola Karabatic, le plus médiatique des joueurs français, qui confiera en janvier 2009 au site du *Nouvel Observateur* ne pas aimer cette appellation d'« Experts » : « J'ai toujours trouvé que ce surnom ne collait pas vraiment. Il est froid. » D'autres expressions seront lancées, les « Invincibles », les « Insatiables », les « Imbattables »... sans vraiment de succès.

Finalement, Cédric Burdet fait partie du voyage. Plus tard, il apprendra que certains cadres de l'équipe auraient fait pression auprès de l'entraîneur pour que le prétendu chat noir n'embarque pas dans l'avion. À lui de prouver qu'il ne s'agit que de croyances et d'une façon de chambrer un joueur malchanceux. Malheureusement, il embarque pour l'Asie encombré d'un lumbago. Le destin s'acharne.

Le groupe France, remobilisé par sa prise de conscience du Mondial 2007, apparaît détaché des événements, peu influencé par l'atmosphère du village olympique (et bien encadré par les autorités chinoises). Serein. Bien qu'il soit droitier, Jérôme Fernandez débute le tournoi au poste d'arrière droit. Leader d'attaque de l'équipe, il vient de battre le vieux record de Frédéric Volle du nombre de buts inscrits sous le maillot tricolore (1016). Cédric Burdet assiste donc du banc, un peu coincé, aux deux premiers succès de son équipe aux dépens du Brésil (34-26) et de la Chine (33-19). Mais comme souvent, le malheur des uns fait le bonheur des autres. Face aux meilleurs ennemis croates, Jérôme Fernandez, se fracture la main droite lors du troisième match, remporté 23-19. Cédric Burdet peut alors démontrer ses qualités de gagneur. Il est de la victoire contre l'Espagne (28-21) puis du nul avec la Pologne (30-30). En quart de finale, la France écarte la Russie (27-24) mais Cédric Burdet n'est pas transcendant. Le match est dur, peut-être le plus dur de l'olympiade. On peut alors compter sur Daniel Narcisse, auteur du dernier but du match sur un magnifique kung-fu, et Luc Abalo, infernal, qui portent l'équipe sur leurs épaules (16 buts à eux deux). À la fin du match, le capitaine, Olivier Girault, tente de capitaliser sur cette victoire pour permettre de remporter le seul titre qui manque à leur palmarès en galvanisant ses troupes. En demi-finale, retour aux grands classiques : un duel avec la Croatie. Fidèles à l'esprit de leurs prédécesseurs yougoslaves, les joueurs sont chambreurs. « Un midi, au réfectoire, le gardien croate Venio Losert a croisé Jérôme Fernandez, plâtré, raconte Cédric Burdet de Montpellier. Après avoir désigné son bras, il lui a lancé : "Maintenant, on va vous laisser tirer à droite." » Répétée, l'anecdote piquera au vif l'orgueil du gaucher de Montpellier.

Dans les rangs croates, Balic, absent lors de la confrontation en tour préliminaire, fait son retour. Le début de match est lent, trop lent. 13e minute, 6-6. Un penalty et deux contre-attaques plus tard, les Croates ont pris trois points d'avance. Les joueurs d'Onesta n'y arrivent pas. Girault, Karabatic, Bertrand Gille sont à l'arrêt. Cédric Burdet, lui, ne calcule pas. À la seule force de son poignet gauche, il ramène les siens au contact, avec pas moins de cinq buts en première période pour mener 12-11. Sur le banc, Jérôme Fernandez l'encourage. Si son plâtre le lui avait permis, il aurait applaudi chacun des buts de Burdet, enfin au rendez-vous : « Les Croates avaient simplement oublié que, de temps en temps, un mec pouvait être bon. Ils l'ont payé cash. » L'ancien joueur de Gummersbach en Allemagne (2003-2006) forme un duo performant sur le côté droit avec Luc Abalo. Il se fait remarquer par une activité débordante et une énergie à revendre, ce qui n'est pas dans ses habitudes. « Physiquement, j'ai souvent eu du mal à tenir la distance tout au long d'une grande compétition, confesse-t-il. Souvent, j'étais bon au début et puis je baissais le pied sur la fin. Il me fallait des éléments favorables. Cette fois, en débutant plus tard, après la blessure de Jérôme, j'ai eu les ressources pour aller au bout. » Pendant ce temps, Goran Szprem marque trois buts d'affilée et, à la 39e minute, la Croatie reprend l'avantage (15-16). Burdet est alors plus discret, mais il sait que c'est à ses coéquipiers de prendre le relais. Ce que fait en premier lieu Thierry Omeyer, qui frôle des 50 % d'arrêts en deuxième mi-temps. Puis Narcisse, qui marque ses 6 buts de la partie en seconde période. Enfin Abalo, qui a beaucoup tenté et moyennement réussi (4 buts). Et comme en demi-finale, c'est « Air France », Daniel Narcisse qui conclut la marque française d'un kung-fu... stratosphérique, à la 59e. Michaël Guigou joue un corner à l'aile gauche. L'air de rien, le regard dirigé vers Thierry Omeyer, de l'autre côté du terrain, il adresse une passe aveugle en plein milieu de la zone des 6 m à un Daniel Narcisse lancé comme une fusée. Entre deux géants croates, l'arrière réunionnais d'1,89 m décolle littéralement, grille la priorité à ses gardes du corps et se saisit de la balle en l'air, dos au but. En apesanteur, il tire à la renverse, désarçonnant Mirko Alilovic qui voit passer la sphère au-dessus de son épaule, juste à droite de sa tête. 25-23, score final, et la dernière marche à passer sera l'Islande. Jérôme Fernandez, qui ne tient plus en place dans les tribunes, saute par-dessus les barrières et s'en va rejoindre ses potes qui fêtent l'exploit au centre du terrain.

Son remplaçant, Cédric Burdet, a été l'un des artisans de cette qualification. Mais il ne s'en contente pas : « Je savais que sans la médaille d'or, je partirais pour toujours avec cette réputation de *looser.* » En ce 28 août au matin, au même moment en France, on s'agite du côté de la place des Terreaux de Belley, dans l'Ain. Dans la salle des fêtes, quelque 500 chaises ont été méthodiquement alignées. Marie-Thérèse et Marius Burdet, les parents de Cédric, sont comme à la maison dans cette vieille bâtisse en pierre. C'est leur première grande finale, onze ans après les débuts de leur cadet en équipe nationale, aux Jeux méditerranéens de Bari. Alors une bonne partie de la famille a tenu à faire le déplacement. Lionel, le grand frère, ancien défenseur rugueux de Chambéry est arrivé discrètement. Il est 9 h 45.

Sur le grand écran, Cédric débute sur les chapeaux de roue. Comme en demi-finale, il marque le premier but pour la France. Ses quatre réalisations en première période sont toutes célébrées d'un poing rageur. Omeyer est impérial (9 de ses 19 arrêts au total). Au moment de rejoindre les vestiaires, les Français comptent déjà cinq buts d'avance (15-10). Nikola Karabatic, déjà auteur de quatre buts, ne s'arrête pas là. Il fait parler sa puissance, avec 8 buts au final ; mais aussi la finesse, avec des merveilles de passes pour Bertrand Gille. Le pivot frappera cinq fois, tout en assurant, fait remarquable, un travail superbe en défense. Ballons contrés, interceptés, prises de joueurs à deux… les Islandais sont dégoûtés. À la 39e minute, l'écart semble définitif (21-12). Les Islandais ne reviendront plus. Vainqueurs sans trembler 28-23, les Bleus peuvent laisser exploser leur joie d'apporter la septième et dernière médaille d'or au camp français. Sur l'écran géant de la salle des fêtes de Belley, Marie-Thé, la maman, ne peut retenir ses larmes. Marius, le papa, ne veut pas craquer. Son écharpe tricolore autour du cou, il reçoit les félicitations de la famille, des proches, des voisins. Cédric Burdet a brisé son image. Lui qui a connu les Barjots et les Costauds n'est pas le chat noir du handball français.

Les Experts ne s'y trompent pas et savent ce qu'ils doivent à leurs glorieux aînés. Sur le terrain du Palais national omnisports de Pékin, Karabatic et ses partenaires célèbrent leur victoire en chantant et en sautant. Un spectateur un peu spécial les rejoint : Jackson Richardson. « À la fin du match, je n'ai pas pu m'empêcher d'aller sur le terrain, je n'ai pas calculé, explique le Réunionnais, retraité trois ans plus tôt des parquets internationaux. Je n'avais pas le droit d'y mettre les pieds mais je ne sais pas comment, j'ai pu aller féliciter les Français. Je tenais à leur dire merci. J'étais fier d'eux. » L'intrus finira par être porté en triomphe par les champions olympiques, dans une atmosphère de joie sincère et bon enfant. Et lorsque les

16 vainqueurs sautent sur la plus haute marche du podium, c'est en mimant la position d'un surfeur chevauchant une vague.

Il se dégage d'ailleurs de ces Experts-là un vague souvenir de la grande époque des Barjots. Un grain de folie communicatif, qui attire immédiatement la sympathie du public. Juste après leur victoire, la bande file dans le studio de Canal Plus, qui les a suivis durant toute la compétition. Quelle idée ! Les Bleus feront surtout parler leur expertise en matière de démontage du décor dont c'était la dernière utilisation en cette fin de JO. Frédéric Brindelle, l'homme du hand pour la chaîne cryptée, finit arrosé de champagne. Quant à François Trillo, ex-rugbyman reconverti journaliste, ses vêtements sont littéralement arrachés par des Dinart et Karabatic en folie. Pendant une heure, le présentateur tente de continuer son émission en essayant de questionner ses hôtes. Mais torse nu, il est ligoté avec le fil de son micro par des joueurs déguisés en filles (!), qui laissent libre cours à leur douce folie. Et tous ceux qui se trouvent devant leur petit écran ne veulent pas que cette sensation de plénitude se termine. Elle va continuer.

Un Mondial en terres hostiles

À force de dégager autant de puissance, à le voir mettre tant d'ardeur à la tâche, on le croyait indestructible. On en avait oublié que Didier Dinart, 1,97 m, 104 kilos, était un joueur de handball comme les autres, sujet à la blessure la plus anodine. Depuis l'Euro 98, le défenseur guadeloupéen a été de toutes les campagnes. Fidèle au poste. Et quand à la huitième minute du match face à la Suède, lors du premier match du tour principal du Mondial 2009 en Croatie, Didier Dinart se met à grimacer et à traîner la jambe, ses partenaires comprennent vite. Le joueur de Ciudad Real, débordant d'énergie sur le terrain, est contraint de rejoindre le banc. Déchirure à la cuisse. « En fonction de la gravité de la blessure, je savais que la compétition pouvait être finie pour moi. » Comment la France, privée de son maître à (dé)jouer défensif, allait-elle pouvoir empêcher la Croatie d'être sacrée à domicile ? D'autant qu'elle avait déjà vu Bertrand Gille, son pivot fétiche, déclarer forfait : le joueur d'Hambourg a le corps meurtri par des années au poste le plus exposé de ce sport. Le Parisien Cédric Sorhaindo va prendre le relais.

Après cinq victoires faciles au premier tour, la France en enchaîne deux autres contre la Suède, qui n'est plus que l'ombre de son glorieux passé (28-21) et la Corée. La défaite contre la Croatie, lors du dernier match de poules (22-19), n'inquiète pas outre mesure. « Ce fut un non-match, chacun s'est caché en vue des prochains matches », relativise l'ailier de Chambéry Guillaume Joli. Les deux équipes font tourner leur effectif, souffler les cadres en vue de la demi-finale.

Pour la France, ce sera un adversaire inconnu à ce niveau de la compétition, le Danemark, champion d'Europe l'année précédente. Un temps espéré, le retour de Didier Dinart est repoussé. Heureusement, non content de remplacer le Guadeloupéen avec brio en défense, Guillaume Gille fait feu de tout bois en attaque (5 buts). Le début de match est serré, le Danemark tentant de construire un mur de briques devant ses cages. Heureusement, la France possède des démolisseurs de génie. À l'image de Luc Abalo qui, avec son 1,83 m, passe pour un « petit » dans l'univers du handball. À la 14e minute, sur un jet franc, à 9 mètres des cages, l'Ivryen prend appui des deux pieds, s'envole sans élan pour catapulter, au-dessus des bras des géants danois, un boulet de canon qui transperce les filets. Abalo ne s'arrête pas là et enchaîne les gestes spectaculaires : tirs en déséquilibre, roucoulettes déclenchées juste avant de toucher le sol... 16-11 à la mi-temps, le break est fait. Nikola Karabatic, avec deux nouvelles réalisations, atteint (déjà) la barre des 600 buts sous le maillot bleu. En face, Lars Jorgensen ne peut rien pour ses partenaires. Abalo terminera avec sept buts et une exclusion pour avoir tiré dans la tête du gardien adverse sur un jet de 7 mètres. Le symbole d'une équipe broyée, laminée par la force de frappe française : « Je crois que la puissance que l'on dégageait avait de l'emprise sur l'adversaire, analyse l'entraîneur Claude Onesta. Les Danois avaient tellement peur que ça leur arrive que, quand ça leur est arrivé, ils ont baissé la tête. » La marque sera conclue par deux buts de Guillaume Gille. Vainqueurs 27-22, les Français accèdent à leur sixième finale internationale.

Comme en demi-finale des Jeux Olympiques de Pékin, la France doit défier la Croatie. Les deux meilleures équipes du moment en finale du Mondial. Surtout, pour la France, la possibilité de réaliser un doublé JO-Mondial que seules la Russie et la Yougoslavie ont réalisé avant elle. Que demande le peuple croate ? Une victoire des siens, bien évidemment. Cette fois, la bande de l'entraîneur Lino Cervar a le soutien de 15 000 supporters dans une Arena de Zagreb en fusion. La quatrième finale mondiale des Bleus est sans doute celle où l'atmosphère est la plus hostile. Nikola Karabatic, dont le père est né en Croatie, est le plus visé par les insultes et quolibets qui fleurissent parmi le public. Les Croates redoutent leurs adversaires du jour en connaissance de cause. Et revoir Didier Dinart sur le terrain n'est pas de nature à les rassurer. Même si le défenseur de Ciudad Real n'est pas totalement rétabli (ce qu'ignorent les Croates), sa seule présence suffit à susciter la crainte. « On ne se remet pas d'une lésion musculaire en dix jours. L'aponévrose était touchée et l'hématome n'était pas totalement résorbé, éclaire l'intéressé. J'ai débuté le match avec la blessure et je l'ai terminé avec une double déchirure. Mais ça valait le coup. Si c'était à refaire, je le referais. »

Avant le début de la finale, dans l'intimité du vestiaire, Claude Onesta délivre ses dernières consignes. Surtout, avant même le coup d'envoi, il déroule le fil du match, « il nous explique le scénario de la partie », décrit Guillaume Joli. Sa stratégie est aussi simple que risquée. Onesta est conscient qu'il se trouve en terrain ennemi. Alors la France doit rester dans le sillage des Croates au tableau d'affichage jusqu'au dernier quart d'heure, sans faire la course en tête, afin que le public ne soit pas trop agressif. Pour ne pas en faire un huitième homme, capable de pousser Balic et ses partenaires à se transcender, à repousser des limites qu'ils ont parfois du mal à canaliser.

Le match débute par un jet de 7 mètres d'Ivano Balic, deux fois meilleur joueur du monde (2003 et 2006), qui marque sans qu'Omeyer ne bouge. D'entrée, Nikola Karabatic bénéficie d'un traitement de faveur qui flirte parfois avec l'agression physique. « Je savais qu'ils allaient se concentrer sur moi et qu'il fallait que je sois assez intelligent pour ne pas m'énerver. » L'arrière de Kiel, 25 ans, ne rentre pas dans le jeu de la provocation. Même les sifflets du public ne perturbent pas son flegme : « C'est un jeu, et ça m'a plutôt fait plaisir car c'était une marque de respect pour notre force. De toute façon, si ce genre de chose suffit à te déconcentrer, c'est que tu n'es pas assez solide. » Les Français ne baissent pas la tête devant les provocations des Croates et s'en tiennent à leur plan de jeu. Daniel Narcisse, surnommé « Air France » pour sa capacité à s'envoler au-dessus des défenses, est sur une autre planète. Ses quatre buts successifs en fin de première mi-temps, dont le 11e des Bleus avec une prise d'appui à pieds joints, leur permet de finir la première période avec le plus minime des écarts (11-12). À la 38e minute, après un arrêt de Thierry Omeyer, Daniel Narcisse récupère la balle, transmet à Nikola Karabatic qui s'en va défier seul à 6 mètres une défense pas assez vite sur ses appuis. 16-15, les Bleus mènent pour la première fois au score, presque conformément au plan d'Onesta. Un avantage psychologique que Nikola Karabatic, avec un peu de vice, va mettre à profit : 46e minute, 18-18, Ivano Balic prend appui dans la zone des 9 mètres pour tirer. Pris en tenaille entre Cédric Sorhaindo et Nikola Karabatic, le Croate récolte une baffe de l'arrière montpelliérain. Plus de peur que de mal, mais les deux hommes en viennent à se provoquer tête contre tête, tels deux taureaux en colère. Les deux stars seront vite séparées. Preuve que Nikola Karabatic reste serein, même s'il n'a marqué qu'une fois jusqu'ici : c'est lui qui offre deux buts d'avance aux siens à huit minutes du terme, puis trois buts grâce à Narcisse. Dès lors, les Croates comprennent vite que malgré le soutien de leurs troupes, ils repartiront cette fois encore sans le titre mondial. La fin du match est un calvaire pour les hommes de Cervar, qui flanchent également au plan mental. En témoigne cette feinte de tir d'Igor Vori dans la tête de l'arbitre danois qui lui vaudra un carton rouge direct. 24-19, les joueurs slaves n'ont inscrit que sept buts en deuxième mi-temps. Les Français décrochent leur troisième titre mondial. Sur une jambe mais sans retenue, Didier Dinart savoure : « On leur a mis une bonne petite raclée, ça a dû leur rappeler Pékin. » Auteur de dix buts en finale, l'ailier Michaël Guigou n'est pas peu fier d'avoir gâché la fête de ses meilleurs ennemis : « Maintenant, il va falloir qu'ils bossent dur pour nous rattraper. »

Tandis que Jérôme Fernandez, 31 ans, soulève son premier trophée en qualité de capitaine, certains voient déjà plus loin. Champions olympiques, champions du monde, les Experts ont du mal à se demander qui peut les arrêter. Sans prétention, mais avec une certaine idée de leur qualité de jeu. Dans un an, l'Euro 2010 se jouera en Autriche.

Un triplé inédit

Champions olympiques et du monde en titre, les

Bleus débarquent dans le froid viennois avec une étiquette de favoris placardée dans le dos. Mais tout ne va pas tourner rond. La faute à un manque de rythme, de mise en jambe. « Le championnat du monde 2009 en Croatie était seulement cinq mois après notre succès aux JO de Pékin. On était dans la même euphorie, dans le même tempo, analyse l'arrière gauche Daniel Narcisse. En Autriche, un an s'était écoulé et on n'était plus sur la même dynamique. Pour tout le monde, on pensait que la France allait s'imposer avant même le début de la compétition. Nous, en tous cas, on n'était pas dans cet état d'esprit. » Il n'empêche : les ratés lors du tour préliminaire à Wiener Neustadt laissent penser que les Français se sont laissés bercer par la petite musique qui les annonce déjà champions d'Europe. Les deux premiers matches sont serrés : 29-29 contre la Hongrie, puis victoire sur le fil contre la République tchèque sur le fil 21-20, alors qu'ils menaient 16-10 à la mi-temps ! Une nouvelle fois, le salut est venu de l'Alsacien Thierry Omeyer, qui a arrêté la moitié des tentatives tchèques, dont la dernière à dix secondes de la fin. L'état d'urgence est lancé. Face aux Espagnols, les Français vont compter jusqu'à sept buts d'avance. Une marge qu'ils ne parviendront pas à conserver. Au final, deux penalties de Guillaume Joli dans la dernière minute permettront d'accrocher le match nul (24-24). Une victoire à l'arraché et deux nuls, le bilan du premier tour n'est guère fameux.

Le jeu français, décortiqué, analysé sous tous les angles, est de plus en plus déchiffré par ses adversaires. D'autant que les automatismes peinent à revenir. Les hommes d'Onesta commencent à être critiqués, sinon tancés. L'ancien entraîneur de la sélection espagnole, Juan de Dios Roman, juge alors la France vieillissante, sur le déclin : « Je ne pense pas que le pouvoir l'ait usée ou que ses joueurs se soient installés dans le confort. Je vois seulement qu'elle ne rajeunit pas. Que les frères Gille baissent, que Fernandez n'est plus un junior, que Karabatic continue de prendre des coups et fatigue lui aussi. Tout cela explique qu'elle ne peut plus se montrer dominatrice. » La nervosité gagne les joueurs les plus confirmés. « On était loin d'être au niveau. Alors ça a commencé à se frotter un peu entre nous », confesse Bertrand Gille. Tel un Denis Lathoud des années 2010, Didier Dinart, le taulier de la défense, sonne la révolte : « Dès la préparation, j'ai senti qu'on n'y était pas. Lors d'un match amical à Marseille, on avait joué avec trois titulaires, le reste de l'équipe était composé de jeunes. Il y avait six joueurs dans les tribunes, soi-disant blessés. Ils se protégeaient en pensant déjà à la compétition. Je n'ai rien dit mais quand j'ai constaté pendant l'Euro que les choses ne bougeaient pas, j'ai ouvert ma gueule. On n'a pas le droit de se mentir quand on est en équipe de France. Peut-être que certains ont besoin de se gérer à l'entraînement mais, en match, on doit se donner à 100 %. » L'effet « Dinart » ne se fait pas attendre. Lors du tour principal, la France retrouve des couleurs et l'Allemagne (24-22), la Slovénie (37-28) et la Pologne (29-24) payent au prix fort le renouveau tricolore. Seule ombre au tableau : le forfait de Bertrand Gille, en délicatesse avec un tendon d'achille.

La demi-finale devient désormais une habitude. Et qui revoilà ? L'Islande d'Olafur Stefanson, l'ancien joueur de Magdebourg et Ciudad Real, privée de l'or olympique deux ans plus tôt par ces maudits Français. Durant toute la première mi-temps, les insulaires s'accrochent au score, passant en tête (12-13) juste avant la pause. Soit le moment choisi par Nikola Karabatic pour se réveiller, avec quatre buts d'affilée pour finir à 16-14. Dès le retour des vestiaires, la confrontation tourne à la démonstration. À la 39e, le score est déjà de 24-17. Claude Onesta décide de faire tourner en faisant entrer les Chambériens Barachet et Detrez. Neuf buts pour Karabatic et une réussite insolente aux pénalties pour Joli (6/7) plus tard, voici la France en finale de l'Euro (36-28). La septième de son histoire, la troisième en trois ans en compétition internationale.

En finale, les meilleurs ennemis se retrouvent à la Stadthalle de Vienne. Croatie et France. Les deux équipes les plus flamboyantes. Celles qui ne maltraitent pas le ballon, mais le caressent. Qui gardent en tête que le handball reste un jeu, qu'il ne faut pas le sacrifier à l'enjeu. Cela fait deux ans que l'équipe au drapeau à damier, qui n'a jamais été aussi forte, se heurte constamment à un mur bleu. « Depuis nos victoires aux Jeux et au dernier Mondial, on avait un ascendant psychologique sur les Croates », explique Guillaume Joli. C'est peu dire. La défaite concédée à Zagreb, un an plus tôt, a miné les coéquipiers d'Ivano Balic. Ils savent aussi que depuis 1993, leur adversaire n'a perdu aucune des finales qu'il a disputées. Mais ces Croates ont plus d'un tour dans leur sac. Le début de match est accroché. Un instant, on croit assister à un tournant, à la 24e minute. Alors que son équipe joue en infériorité numérique, le gardien Alilovic est sorti pour permettre à un joueur de champ de plus de rentrer. Soudain, une contre-attaque bleue s'organise. Un Croate sort, et Alilovic revient à toute vitesse pour arrêter de la main droite le tir de l'aile de Michaël Guigou. Le portier finit en glissade hors du terrain. Toujours 9-8 pour les rouge et blanc. La minute d'après, Ivano Balic fait parler son expérience. Sur un face-à-face, il provoque Nikola Karabatic et s'en va le heurter avant de tirer dans la tête de « Titi ». Il mènera les siens jusqu'à trois buts d'avance. Revenu sur le terrain après une exclusion de deux minutes, Nikola Karabatic affirme alors son autorité en allant marquer deux buts coup sur coup pour terminer la première période à 12-12. Aiguilloné par l'attitude de Balic, l'arrière montpelliérain est en feu : c'est encore lui qui donne l'avantage pour la première fois à son équipe à la 34e, après avoir dribblé et tiré au nez et à la barbe de Croates impuissants. Le championnat d'Europe semble avoir choisi son camp. À la 48e, Balic provoque une dernière fois un éclair d'espoir dans les yeux de ses supporters. Sur le côté droit du terrain, il fait mine de partir à droite avant de repiquer dans l'axe en effectuant un rond de bras, une sorte de moulinet qui lui permet de passer le ballon au-dessus de son adversaire. Avant de conclure par un lob de toute beauté alors qu'il est presque à l'horizontale, pour revenir à 17-19. Las, Balic ne peut rien faire de plus. Malgré une grosse performance de Zmic, auteur de sept réalisations, trois Français l'empêchent de conquérir le titre : Nikola Karabatic, jamais aussi fort que dans les grands rendez-vous (6 buts) ; Luc Abalo, qui possède cette étonnante capacité de pouvoir sauter, puis, en pleine extension, de prendre tout son temps pour déclencher ses tirs ; et Thierry Omeyer, qui est au sommet de son art. « À partir de la 50e minute, on a bien vu qu'ils n'y arrivaient pas. Les voir à ce point désemparés, sans solution, c'est un souvenir incroyable », se souvient Guillaume Joli. 25-21, score final. Pour la première fois, une nation a remporté les trois titres majeurs de ce sport d'affilée.

« Je ne peux pas dire que je n'ai pas eu peur, mais dès le départ, j'ai senti qu'on avait le match en main. Ils nous ont d'abord bluffés avec leur faux rythme, mais on savait qu'ils allaient lâcher », commentait Claude Onesta, l'entraîneur comblé. Ce triplé entre définitivement dans l'histoire. Reste à savoir si les Bleus sont rassasiés ou s'ils ont encore faim de victoires.

Un succès quatre étoiles

C'est presque devenu un rendez-vous obligé, un passage incontournable. Après chaque grande victoire, l'équipe de France de handball est reçue sur le plateau du Grand Journal de Michel Denisot, sur Canal Plus. Le 31 janvier 2011, de retour de Malmö coiffés d'une nouvelle couronne mondiale, les handballeurs français volent encore la vedette aux *people* du tube cathodique. Dany Boon, en pleine promotion de son film *Rien à déclarer*, ne manque pas l'occasion de sortir son téléphone portable et de se prendre en photo avec le gardien de but Thierry Omeyer. L'homme aux 20 millions d'entrées avec *Bienvenue chez les Ch'tis* est redevenu un simple fan. Après la télévision, l'Élysée. Le « ministre de la Défense » du handball français, Didier Dinart, échange quelques mots avec le président de la République, Nicolas Sarkozy. « Si on le rencontre régulièrement, c'est bon signe. Cela veut dire qu'on gagne. C'est une marque de reconnaissance pour le handball français. » La réception chez l'équipementier Adidas, avenue des Champs-Élysées, tourne presque à l'émeute. Malgré l'absence du trophée, oublié à l'hôtel. Ce n'est que deux jours plus tard qu'il pourra être acheminé en France. Tandis que des CRS forment un cordon de sécurité, le jeune arrière droit Xavier Barachet, nouvelle coqueluche du public français, se fait attraper par le bras par une personne âgée : « Vous ne pouvez pas savoir le bonheur que vous nous avez donné », lâche-t-elle, émue aux larmes.

Quelques jours plus tôt, onze millions de téléspectateurs ont assisté au nouveau sacre des Bleus. Malgré les absences de Guillaume Gille et Daniel Narcisse, blessés, ils ont débarqué en favoris logiques en Suède. Le premier tour est une simple formalité, avec quatre victoires et un nul (28-28) contre l'Espagne, et 32 buts marqués par match en moyenne. Le second du même acabit (37-24 contre la Hongrie, 31-26 face à la Norvège et 34-28 contre l'Islande). La France, qui a enregistré le retour de Bertrand Gille à son plus haut niveau, tire la Suède en demi-finale.

Une pression particulière est alors mise sur

Thierry Omeyer. « Le fantôme est redevenu humain » titre un grand journal suédois avant le match. Le joueur formé à Cernay (Haut-Rhin) y est qualifié de vieillissant, est suspecté d'être moins performant. Pire, le gardien nourrit un contentieux avec l'un de ses adversaires du jour, Magnus Jernemyr. La veille, le joueur de Barcelone l'a traité de « bâtard » et d'« idiot ». L'inimitié entre les deux hommes remonte à la finale de la Ligue des champions entre Kiel et Barcelone (36-34, le 30 mai 2010). « L'ambiance était super chaude. On a été menés de six buts dans ce match. Quand on a gagné, c'est vrai, je me suis mis à sauter de joie, à courir un peu dans tous les sens, reconnaît Omeyer. Je suis allé dans la moitié de terrain de Barcelone et là, Cristian Ugalde Garcia et Victor-Tomas Gonzalez se sont rués sur moi, bientôt suivis par toute l'équipe espagnole. C'est parti en échauffourée. » Les insultes de Jernemyr ont du coup plutôt tendance à le motiver pour ce match international. « J'étais remonté, bien sûr. Il était hors de question de perdre contre eux (les Suédois). J'étais prêt à jouer ce match dans la minute, sans même le moindre échauffement » En fin psychologue, le sélectionneur Claude Onesta se sert de ces attaques contre un élément du groupe pour mobiliser tout le collectif. « Il nous a dit que si un joueur se faisait insulter, c'était à toute l'équipe que l'on manquait de respect, rapporte Thierry Omeyer. Ça m'a touché car j'ai vraiment senti une bande de potes à mes côtés, presque une famille. Tout le monde a eu envie de démontrer que c'était des choses qui ne se faisaient pas. »

Longtemps au sommet de la hiérarchie mondiale (deux titres mondiaux et trois européens entre 1990 et 2000), les Suédois sont bien obligés depuis quelques années de regarder les Français avec moins de condescendance que par le passé. « Ils nous ont toujours méprisés, explique Philippe Gardent. Les entendre nous reprocher d'être hautains, c'est drôle. En tout cas, ça fait du bien de les battre régulièrement depuis quelques années. » Dans les faits, la Suède est une équipe en reconstruction. Elle a concédé deux défaites depuis le début du tournoi, contre la modeste Argentine et le Danemark. Wislander et Lovgren sont à la retraite, mais la nouvelle génération, qui bénéficie toujours de la solide et sérieuse formation scandinave, est ambitieuse. Surtout grâce à l'appui du peuple jaune et bleu, 12 000 spectateurs qui chantent leur gloire dans l'Arena de Malmö. Mais ces Bleus-là ont désormais le cuir tanné. Ils font parler leur expertise. Aussi, au bout de dix minutes de jeu, rien d'étonnant à ce qu'ils prennent l'avantage. Guigou, Karabatic, Fernandez permettent d'aborder la deuxième période dans les meilleures conditions (15-12). Bertrand Gille est « le » grand homme du match : sur huit tirs tentés, il en marquera… huit ! À la 50e minute, l'écart est de +7. Insurmontable pour les Vikings, qui tenteront quand même un baroud d'honneur. Score définitif : 26-23. Thierry Omeyer a apporté une réponse cinglante aux critiques, avec 16 arrêts. Pendant tout le match, il a ressassé ce mépris affiché, qui a nourri sa performance : « À la fin du match, je suis allé saluer les Suédois mais je n'ai pas voulu en rajouter. » Ses partenaires ne sont pas en reste : « On a voulu venger "Titi" pour tout ce qu'ils avaient dit sur lui. Les Suédois ont su nous motiver », ironisait le capitaine Jérôme Fernandez à l'issue de la victoire. Aujourd'hui, encore, quelques mois après le match, Didier Dinart ironise : « Au final, les Suédois ne sont même pas sur le podium. Quatrièmes pour un championnat du monde chez eux, c'est bien pour eux… », lâche-t-il, provocateur.

La dernière marche à passer est d'un autre calibre : c'est le Danemark, gonflé à bloc par son sans-faute dans la compétition (neuf victoires en neuf matches). Autre avantage insoupçonné : la présence massive de milliers de supporters des rouge et blanc. Après tout, Malmö n'est qu'à 40 km de Copenhague, la capitale danoise, accessible grâce à un pont. Une autre équipe aurait pu être tétanisée. Pas les Experts, qui ont connu deux ans plus tôt l'enfer d'une arène croate. D'entrée, les Bleus tentent d'imposer leur rythme sans arriver à décrocher leur adversaire. Karabatic, serré de près, attire sur lui les défenseurs et donne à ses coéquipiers. Au bout de 10 minutes, 5-3, puis 9-6 à la 16e. Mais mis en échec au tir, perdant des balles trop facilement, les Français permettent à leurs opposants de revenir à 9-9 à la 20e. Le score fait l'accordéon, passant d'un avantage de trois buts à la mi-temps (15-12) à 24-24 à la 49e puis 27-25 à la 53e, lorsque Luc Abalo déclenche un tir en déséquilibre dont il a le secret. Nikola Karabatic enchaîne les gestes de classe, feintes de corps, passe à l'arraché, tirs placés en lucarne… En face, Mikkel Hansen est en état de grâce (10 buts en tout). Le joueur de 24 ans, passé par Barcelone puis rentré au pays, tire comme une mule. La défense française laisse à désirer dans son agressivité et Thierry Omeyer, d'habitude si constant, n'est pas décisif. Tous les observateurs se posent une question : n'est-il pas temps de faire rentrer le deuxième gardien, Daouda Karaboué, pour tenter de sauver ce qui peut l'être ? Claude Onesta ne semble pas douter de son portier. Pourtant, à chaque but danois, l'explosion de joie de la salle acquise à la cause rouge et blanche tranche terriblement avec l'impuissance qui se lit sur le visage de l'Alsacien. Rejoints au score, les Bleus pensent avoir viré définitivement en tête lorsque Nikola Karabatic claque l'un de ses dix buts du match à 53 secondes de la fin. Le tout sur un schwenker, un geste technique particulièrement difficile à réaliser : l'arrière réceptionne la balle et, sans dribbler, prend ses trois appuis. Seulement, alors qu'il se trouve en extension, le joueur décide d'utiliser son dribble ; l'enjeu est de faire rebondir le ballon avant de reposer les pieds au sol. Sifflé par les arbitres de divisions inférieures qui y voient souvent un marcher ou une reprise de dribble, le schwenker n'est autorisé qu'aux joueurs de grande classe. Surtout dans la dernière minute d'une finale mondiale ! Mais patatras. Derrière, Omeyer ne répond plus de rien et à trois secondes de la fin, sur un jet franc à 9 m, Bo

Spellerberg égalise (31-31). Ce sera une finale aux prolongations, et les Bleus ont pris un sacré coup derrière la tête. D'autant que Bertrand Gille venant juste de se faire exclure, ils vont devoir jouer d'entrée deux minutes en infériorité numérique.

« Devant 11 000 spectateurs déchaînés, on s'est dit que c'était fini », explique Xavier Barachet, l'arrière droit chambérien auteur d'un petit 3/9. « Honnêtement, à la fin du temps réglementaire, je voyais mal comment on allait se sortir de là » confirme encore Michaël Guigou. Dans un coin, Thierry Omeyer est effondré. Rongé par la culpabilité, il a du mal à refaire surface. « J'étais abattu. J'avais vraiment peur que l'on ait laissé passer notre chance, se souvient-il avec des regrets. Dans toutes les précédentes finales, j'avais su être décisif. J'avais fait une première mi-temps correcte, la seconde a été plus difficile. Sur le dernier quart d'heure, j'ai vraiment eu du mal. » Dans les coulisses, Claude Onesta prend la parole. Puis c'est au tour des cadres. Fernandez et Karabatic remobilisent un à un leurs partenaires. Notamment le gardien de Kiel. « Beaucoup sont venus me voir pour me réconforter. Retourner dans le vestiaire m'a fait du bien. J'ai pu y laisser toute ma frustration. Ce fut un moment très fort car j'ai senti tous les joueurs derrière moi, comme dans une famille. Ils m'ont juste dit que l'équipe aurait besoin d'un ou deux arrêts pour gagner. Pas plus. Ca m'a reboosté. » La prolongation commence bien : à un de moins, la France n'encaisse pas de but. Mais à la 64e minute, les Danois passent pour la première fois de la partie en tête au tableau d'affichage (32-33). L'équipe s'accroche. Sur une contre-attaque lancée côté gauche, Guigou réceptionne, dribble, manque de tomber, puis élimine son défenseur avant de fusiller Landin, pour reprendre l'avantage 34-33. Sur l'attaque suivante, c'est le moment que choisit Thierry Omeyer pour sortir – enfin – un arrêt déterminant. La France reprend deux buts d'avance. C'est gagné. Cerise sur le gâteau, Michaël Guigou s'autorise à marquer le dernier but du match à 2 secondes de la fin en mystifiant son vis-à-vis. 37-35, la couronne mondiale repart une seconde fois d'affilée en France. Thierry Omeyer, élu meilleur gardien de but du tournoi (le vote ayant eu lieu avant la finale, cela s'explique) donne son explication sur la réussite « made in France ». « Ne jamais être rassasié, c'est notre marque de fabrique. L'équipe de France possède aujourd'hui pratiquement tous les meilleurs joueurs du monde à chaque poste. Et chacun tire l'ensemble vers le haut. »

LE PORTRAIT DE NIKOLA KARABATIC, ÉLU MEILLEUR JOUEUR DU MONDE EN 2007

Nikola Karabatic, vu par son frère Luka :

« Sur un terrain, personne n'a plus envie de gagner que lui »

« Avec Niko, on vit dans la même maison à Montpellier. On essaie de rattraper le temps perdu en quelque sorte, car quand il évoluait en Allemagne, c'est sûr, on se voyait moins. Pendant quatre ans, il a porté les couleurs de Kiel et moi, j'étais au Pôle France de tennis à Boulouris. À l'âge de 13 ans, j'étais classé 5/6. Aussi, jusqu'à 24 ans pour lui, 20 pour moi, on a vécu séparés. Depuis que l'on est à nouveau ensemble, on s'est rapprochés. On se chamaillait souvent bien sûr, mais comme tous les gosses. Nikola a toujours eu ce rôle de grand frère pour moi.

Tous les quatre, avec mon père et ma mère, on a vécu seuls, avec toute notre famille en Croatie ou en Serbie. C'est pourquoi nos relations ont toujours été très étroites. Quand nous sommes arrivés en France, on avait une maison à Frontignan (Hérault). Avec Niko, on passait notre temps dehors. On faisait du roller, on jouait au hockey sur roulettes... Plein d'activités mais toujours autour du sport. J'en garde d'excellents souvenirs. On a débuté le handball dans le club local. J'avais 5 ans, Nikola 9 ans. On ne jouait pas dans les mêmes catégories mais on s'éclatait bien. Niko était déjà très fort mais avec mon père à ses côtés, il a beaucoup travaillé. Quand il marquait beaucoup, mon père l'obligeait à faire des passes, il lui imposait de tirer de la main gauche...

Un jour en équipe de France jeunes, lors d'un match amical face à l'Espagne, je m'en souviens très bien, il a marqué 15 buts. Moi, qui l'avais toujours vu au-dessus du lot, je trouvais ça presque normal. Même si plus jeunes on ne pratiquait pas le même sport, Nikola a toujours été un modèle de réussite. C'est un monstre d'engagement, de combativité. Techniquement, il a tout. Sur un terrain, personne n'a plus envie de gagner que lui. C'est un homme généreux, entier. Aujourd'hui, même s'il lui reste encore des choses à apprendre, il est plus dans une démarche de transmission. Il tient à aider les plus jeunes à progresser.

Nikola est aujourd'hui très exposé médiatiquement, mais il n'a jamais changé. Il est resté le même. Il sait trop d'où il vient. Il est très attaché à ses racines et cela contribue à sa réussite. Sa famille, ses amis, sont restés très importants à ses yeux. Quand il jouait en Allemagne, il lui est arrivé de venir nous voir à Montpellier pour un ou deux jours seulement. Il enchaînait les matches mais il savait prendre un moment pour venir voir sa famille. Il est resté les pieds sur terre. Il est sollicité de toutes parts aujourd'hui mais il est toujours disponible pour les autres. Il donne beaucoup. Aux supporters, aux médias... C'est parfois fatiguant pour lui mais il assume sa notoriété. »

ÉPILOGUE

JAMAIS UNE ÉQUIPE N'AVAIT DOMINÉ LE HANDBALL À CE POINT

C'est désormais une certitude, jamais une équipe n'avait dominé la planète handball avec une telle autorité, une telle régularité. Et si l'on élargit un peu l'angle, on constate qu'aucune équipe nationale d'aucun sport n'a réussi, jusqu'ici, à passer des bas-fonds de l'élite mondiale à une domination sans partage sur la scène internationale en seulement vingt ans. La bande à Costantini avait débroussaillé un chemin pour en faire un boulevard. Celle d'Onesta a pris le relais et s'est construit une autoroute. « Les Barjots ont découvert une mine d'or, nous on l'exploite », a dit un jour Guillaume Gille. Pas une médaille, pas un titre n'a été remporté ces dix dernières années sans qu'hommage aux Barjots ne soit rendu. « Ça nous touche, assure Philippe Gardent. La force du handball français, c'est que chaque génération a le respect de celle qui l'a précédée. C'est génial de voir une lignée qui perdure. »

Cette équipe a-t-elle un secret ? On ne pourra que constater le talent, les talents dont elle dispose, avec dans ses rangs plusieurs joueurs considérés comme meilleurs à leurs postes. Notamment Bertrand Gille, Nikola Karabatic, Thierry Omeyer, élus respectivement joueurs de l'année 2002, 2007 et 2008. Mais aussi Didier Dinart, Daniel Narcisse ou encore Luc

Abalo. « L'équipe de France aujourd'hui, c'est la réunion de compétences de très haut niveau », juge Guillaume Gille. La formation hexagonale a enfin su récolter les fruits d'un sport pratiqué dans toutes les écoles, avec toujours plus de licenciés. Désormais, le handball est le troisième sport collectif de France, avec environ 400 000 pratiquants en club. La professionnalisation a révélé, accéléré ce potentiel. L'équipe de France de handball est aujourd'hui composée de joueurs à temps plein. Le changement de cap date du titre de champion du monde en 1995, qui « a enterré le handball amateur en France », selon Grégory Anquetil. « En 2001, j'étais un pro, j'ai joué avec des pros. Plus qu'une passion, le handball était devenu mon métier. » « Quand on est réunis, on sait bien que ce n'est pas pour se faire des restos ou aller boire des bières », explique le pivot Bertrand Gille. « On sait tous pourquoi on est là, confirme Nikola Karabatic, élément fédérateur du groupe et joueur aux qualités exceptionnelles. Tous les joueurs de l'équipe de France évoluent aujourd'hui dans les plus grands clubs européens. Tous les week-ends, chacun dispute un match de haut niveau. On a chacun des objectifs élevés en club et on apporte cet état d'esprit en équipe nationale. »

L'ambiance semble saine et détendue. Claude Onesta n'y est sans doute pas pour rien. « On a plaisir à se retrouver car on est une bande de potes. On n'est pas tous des amis, c'est normal mais cela ne nous empêche pas de nous apprécier » poursuit Karabatic. Fini les virées nocturnes et autres écarts chez les Experts ? « On n'a pas le même état d'esprit que les Barjots, c'est certain, témoigne le défenseur Didier Dinart. Avec les exigences du haut niveau, l'enchaînement des compétitions, on ne peut plus en même temps faire la fête et jouer. Ce n'est pas compatible. » Mais il leur arrive parfois de faire les fous, comme ce jour d'août 2008 où ils ont littéralement démonté le studio Canal Plus de Pékin. Philippe Soubranne, qui les connaît bien côté coulisses, peut le confirmer : « Indéniablement, ce sont des pros dans leur comportement mais quand ils se lâchent, c'est vraiment n'importe quoi ! » On retrouve alors – subrepticement – les dignes héritiers des Barjots.

Si l'esprit de « déconne permanente » n'a pas forcément résisté à l'échec d'Atlanta, celui de la culture de la gagne y est né. 1995-2011, même combat. « On a conscience d'appartenir à une histoire commune, explique Xavier Barachet, symbole de la nouvelle génération, déjà double champion du monde et Champion d'Europe à seulement 22 ans. On partage les mêmes valeurs, c'est ancré en nous et on est obligés de respecter ça. » Des mots qui vont droit au cœur de Laurent Munier, en bronze à Barcelone et en or à Reykjavik : « On se rappelle toujours des premiers. » Denis Lathoud, artilleur de première classe et grognard des Barjots, renchérit : « Ça fait plaisir de constater qu'ils savent qu'on est pour quelque chose dans leurs succès. Le respect, c'est bien, ça prouve qu'ils sont intelligents. »

Grégory Anquetil, qui a fait le lien entre les champions du monde 1995 et les cadres de l'équipe actuelle, tire dans le même sens : « Ils sont trop intelligents pour se priver de ce qui fonctionne bien. Et puis des joueurs ont été élevés à la dure avec les générations précédentes. Un gars comme Jérôme Fernandez a été mis plus bas que terre à ses débuts. Je l'ai vu pleurer. Aujourd'hui, c'est un seigneur. C'est à mes yeux l'exemple le plus marquant du beau joueur. » Le capitaine des Bleus approuve cet échange de bons procédés. « Quand on discute ensemble de nos différentes épopées, on est fier les uns des autres, relate Jérôme Fernandez. Lorsque les derniers Barjots sont partis, on avait l'impression qu'on ne serait jamais à la hauteur de ces gens-là. »

Enfin, le supplément d'âme : une soif inextinguible de victoires. « Ils sont champions du monde, champions olympiques mais ils en veulent encore plus. Ils ne veulent rien lâcher, sourit Laurent Munier. On ne peut être qu'admiratif devant cet état d'esprit. À 21 ans, certains joueurs sont plus matures qu'on ne l'était à 28. »

Sur la scène internationale, les Bronzés, Costauds, Barjots puis Experts n'ont pas d'équivalent. À travers les générations, Roumains, Russes, Yougoslaves, Suédois, Croates et Danois ont eu leurs générations dorées, celles qui leur ont permis de décrocher un, deux ou trois titres, avant de décliner. La France, seule équipe à avoir remporté quatre compétitions majeures d'affilée, a réussi à affirmer de manière durable sa supériorité. « Être constamment parmi les meilleurs et parfois l'emporter, c'est très fort, n'en revient toujours pas Claude Onesta. Mais au-delà des titres, depuis 2005, la France s'est toujours située dans les quatre premières places des diverses compétitions mondiales. La vraie réussite, elle est là. »

Dinart ne voit pas de frontières aux exploits de

l'équipe de France : « Même quand les plus vieux vont arrêter, ce groupe va continuer à dominer. Nul n'est indispensable. Je suis persuadé que la France va demeurer au sommet encore quelques années. Des nations en ont marre de nous voir gagner, c'est certain. Mais les victoires de 2009 en Croatie et de 2011 en Suède, dans un contexte hostile, montrent que l'on a de la ressource. Nous, on n'a pas de limite. » L'an prochain, en 2012, deux compétitions sont prévues, l'Euro et le Jeux olympiques de Londres. Comme le dit l'adage sportif, toutes les séries ont une fin. Espérons que celle-ci arrive le plus tard possible. Ce qui est sûr !

ANNEXES

PALMARÈS DE L'ÉQUIPE DE FRANCE MASCULINE

CLASSEMENT DES JOUEURS DE HANDBALL LES PLUS CAPÉS

PALMARÈS DES MEILLEURS BUTEURS DE L'ÉQUIPE DE FRANCE

Palmarès de l'équipe de France masculine

Championnats du Monde (Mondiaux) :

Handball à 11 :
1938 (Allemagne) : pas de participation
1948 (France) : 4e sur 4
1952 (Suisse) : pas de participation
1955 (Allemagne) : 8e sur 8
1959 (Autriche) : pas de participation
1963 (Suisse) : pas de participation
1966 (Autriche) : pas de participation

Handball à 7 :
1938 (Allemagne) : pas de participation
1954 (Suède) : 6e sur 6
1958 (R.D.A.) : entre la 9e et la 16e place (pas de matches de classement)
1961 (R.F.A.) : 8e sur 12
1964 (Tchécoslovaquie) : entre la 9e et la 16e place (pas de matches de classement)
1967 (Suède) : entre la 9e et la 16e place (pas de matches de classement)
1970 (France) : 12e sur 16
1974 (R.D.A.) : pas de participation
1978 (Danemark) : entre la 13e et la 16e place (pas de matches de classement)
1982 (R.F.A.) : pas de participation
1986 (Suisse) : pas de participation
1990 (Tchécoslovaquie) : 9e sur 16
1993 (Suède) : Médaille d'argent
1995 (Islande) : Champion du Monde
1997 (Japon) : Médaille de Bronze
1999 (Égypte) : 6e sur 24
2001 (France) : Champion du Monde
2003 (Portugal) : Médaille de Bronze
2005 (Tunisie) : Médaille de Bronze
2007 (Allemagne) : 4e place
2009 (Croatie) : Champion du Monde
2011 (Suède) : Champion du Monde

Championnats d'Europe (Euros) :
1994 (Portugal) : 6e sur 12
1996 (Espagne) : 7e sur 12
1998 (Italie) : 7e sur 12
2000 (Croatie) : 4e sur 12
2002 (Suède) : 6e sur 12
2004 (Slovénie) : 6e sur 12
2006 (Suisse) : Champion d'Europe
2008 (Norvège) : Médaille de Bronze
2010 (Autriche) Champion d'Europe

Jeux olympiques :
1972 (Munich) : pas de participation
1976 (Montréal) : pas de participation
1980 (Moscou) : pas de participation
1984 (Los Angeles) : pas de participation
1988 (Séoul) : pas de participation
1992 (Barcelone) : Médaille de Bronze
1996 (Atlanta) : 4e
2000 (Sydney) : 6e sur 12
2004 (Athènes) : 5e sur 12
2008 (Pékin) : Champion olympique

Classement des joueurs de handball les plus capés

N°	Joueurs	En équipe de France de... à ...	Sél.	Buts
1	RICHARDSON Jackson	1990-2005	417	787
2	DINART Didier	1996-	345	158
3	FERNANDEZ Jérôme	1997-	319	1 262
4	MAHÉ Pascal	1984-1996	297	739
5	GILLE Guillaume	1996-	285	669
6	GARDENT Philippe	1980-1995	283	638
7	OMEYER Thierry	1999-	254	0
8	MONTHUREL Gaël	1987-1996	253	292
9	GIRAULT Olivier	1997-2008	248	573
10	GILLE Bertrand	1997-	245	754
11	PERREUX Thierry	1984-1995	244	476
12	GAUDIN Christian	1992-2002	242	0
13	VOLLE Frédéric	1987-1996	241	1 016
14	STOECKLIN Stéphane	1990-1999	238	898
15	BURDET Cédric	1997-2008	227	491
16	KERVADEC Guéric	1993-2005	217	517
17	QUINTIN Eric	1988-1996	216	277
18	PORTES Alain	1983-1992	212	500
19	NARCISSE Daniel	2000-	210	666
20	ABATI Joël	1995-2008	203	586
21	MEDARD Philippe	1979-1992	183	0
22	KEMPE Christophe	1996-2009	178	267
23	MARTINI Bruno	1990-2002	178	0
24	DEBUREAU Philippe	1985-1992	177	574

25	KARABATIC Nikola	2002-	176	753
26	CAZAL Patrick	1994-2003	171	482
27	ANQUETIL Grégory	1995-2005	169	476
28	DEROT Gilles	1984-1992	167	NC
29	LATHOUD Denis	1987-1996	164	463
30	HAGER Daniel	1985-1992	158	91
31	GUIGOU Michaël	2002-	151	546
32	GOLIC Andrej	1998-2002	149	368
33	MUNIER Laurent	1987-1995	149	305
34	SERINET Jean-Michel	1979-1987	148	NC
35	WILTBERGER Marc	1991-2000	148	241
36	THIEBAUT Jean-Luc	1983-1994	144	0
37	DESCHAMPS Dominique	1979-1986	141	NC
38	TRISTANT Denis	1987-1992	141	161
39	SCHAAF Philippe	1988-1996	140	220
40	ABALO Luc	2005-	136	466
41	PEREZ Frédéric	1986-1993	130	NC
42	GEOFFROY Jean-Michel	1977-1983	128	NC
43	VARINOT Francis	1972-1980	121	NC
44	KARABOUE Daouda	2004-	119	0
45	BOULLÉ Patrick	1979-1987	117	0
46	CAILLEAUX Éric	1978-1988	114	NC
47	GAFFET Bernard	1980-1989	111	NC
48	JOULIN Stéphane	1996-2002	106	344
49	SELLENET Bernard	1963-1974	104	NC
50	JUNILLON Franck	2011-	101	127
51	SELLENET André	1961-1972	100	NC
52	FERIGNAC Jean	1957-1970	100	0

Palmarès des meilleurs buteurs de l'équipe de France

N°	Joueurs	Sélection	Buts
1	FERNANDEZ Jérôme	319	1 262
2	VOLLE Frédéric	243	1 016
3	STOECKLIN Stéphane	238	898
4	RICHARDSON Jackson	417	787
5	GILLE Bertrand	245	754
6	KARABATIC Nikola	176	743
7	MAHE Pascal	292	739
8	GILLE Guillaume	285	669
9	NARCISSE Daniel	210	666
10	GARDENT Philippe	292	638
11	ABATI Joël	203	586
12	DEBUREAU Philippe	181	574
13	GIRAULT Olivier	248	573
14	GUIGOU Michael	151	546
15	KERVADEC Guéric	217	517
16	PORTES Alain	214	500
17	BURDET Cédric	227	491
18	CAZAL Patrick	171	482
19	PERREUX Thierry	169	476
20	ANQUETIL Grégory	169	476
21	ABALO Luc	136	466
22	LATHOUD Denis	162	463
23	GOLIC Andrej	149	368
24	JOULIN Stéphane	111	344

25	MUNIER Laurent	152	305
26	MONTHUREL Gaël	248	292
27	QUINTIN Éric	216	277
28	KEMPE CHRISTOPHE	178	267
29	WILTBERGER MARC	148	241
30	DEROT GILLES	171	229
31	SCHAAF PHILIPPE	133	220
32	BOSQUET SÉBASTIEN	94	184
33	HOULET François-Xavier	64	181
34	PLANTIN Stéphane	72	168
35	TRISTANT Denis	143	161
36	DINART Didier	345	158
37	JOLI Guillaume	53	135
38	JUNILLON Franck	101	127
39	SORHAINDO Cédric	76	127
40	OSTERTAG Sébastien	51	113

: encore en activité

**Si vous désirez recevoir le programme de nos publications,
merci de contacter Louis de Mareüil,
Éditions Jacob-Duvernet,
134, rue du Bac, 75007 Paris
ou au 01 42 22 63 65**

www.editionsjd.com

ISBN : 978-2-84724-342-0

Achevé d'imprimer par Corlet, Imprimeur, S.A. - 14110 Condé-sur-Noireau
N° d'Imprimeur : 138308 - Dépôt légal : mai 2011 - *Imprimé en France*